엮은이 이화승

1965년생. 일본어를 전공했으나 많은 영어 원서를 번역하여 영어에 대한 애정이 유별남. 현재 영어, 일본어, 중국어 책을 다루는 언어의 연금술사. 저서로는〈이것이 독학 일본어 첫걸음이다〉〈즉석일상 일본어〉등, 번역서로는〈영어 발음사전〉〈중국어 발음사전〉〈위대한 개츠비 The Great Gatsby〉등 다수.

엮은이 엽은현

중국 남경(南京) 효장사범대학교(晓庄学院) 중국어교육학과를 졸업하고, 이화여자대학교 외국어교육대학원 TeCSOL학과 석사 학위 취득. 중국 남경 21세기 국제학교에서 교사로 재직하였으며, JRC·차이나로 등 중국어 교육센터에서 중국어 회화와 HSK를, 우리은행·LG상사 등 기업체 CEO 및 임직원들을 대상으로 HSK, 비즈니스 중국어강의. 현재 한국 가톨릭대학교 동아시아언어문화학부 중국언어문화전공 초빙교수로 재직 중.

한글만 알아도 통하는
4개 국어 여행회화

초판 1쇄 발행 | 2012년 8월 20일
초판 9쇄 발행 | 2018년 4월 10일

엮은이 | 이화승 · 엽은현
편　집 | 이말숙
디자인 | 이재민
펴낸곳 | 비타민북
펴낸이 | 남승천, 박영진

등　록 | 제318-2004-00072호
주　소 | 07251 서울시 영등포구 영신로 40길 18
　　　　윤성빌딩 405호
전　화 | (02) 2677-1064
팩　스 | (02) 2677-1026
이메일 | vitaminbooks@naver.com

ⓒ 2012 Vitamin Book

ISBN 978-89-92683-47-0 (13700)

* 잘못 만들어진 책은 바꿔 드립니다.

이 도서의 국립중앙박물관 출판시도서목록(CIP)은 e-CIP 홈페이지 (http://www.nl.go.kr/ecip)에서 이용하실 수 있습니다. (CIP제어번호: CIP2012003613)

한글만 알아도 통하는

4개국어
여행회화

한글만 알아도 통하는

4개국어 여행회화

이화승·엽은현 공저

비타민 Book

머리말

해외여행이 자유화 된 지도 20여 년이 흘렀습니다. 그동안 인천에는 세계 최고 규모의 공항도 들어서고 또한 K-pop과 드라마를 중심으로 한류(韓流)붐이 시작되어 한국을 찾는 외국인도 비약적으로 증가했습니다. 외국인들이 우리 주변에 흔히 보이고 지구촌이라는 말처럼 세계가 좁아졌기 때문에 외국어를 구사해야 할 필요성은 점점 더 커지고 있습니다.

이 책은 한국어를 포함하여 한국인에게 가장 필요한 4개 국어를 실었습니다. 영어는 말할 것 없이 전 세계에서 가장 널리 통용되는 언어이고, 중국어와 일본어는 미국 다음으로 세계 경제를 좌우하는 나라들의 언어입니다. 이제 영어만으로는 충분하지 않습니다. 그렇다고 영어·일어·중국어를 유창하게 구사할 필요는 없습니다. 기본적인 표현이라도 3개 국어로 구사할 수 있다면, 그것은 돈으로도 살 수 없는 엄청난 능력을 갖추는 것과 같습니다.

이 책은 회화 책이지만 그냥 소설처럼 처음부터 끝까지 쭉 읽어본다면 나중에 필요한 부분을 찾아볼 때 많은 도움이 될 것입니다.

외국인과의 대화에서 가장 중요한 것은 상대를 배려하는 마음입니다. 이 책을 보시는 독자님들은 남들에게 폐를 끼치지 않는 국제적 매너를 염두에 두시면 좋겠습니다.

2012년 8월 이화승

이 책의 특징

1. 여행 스케줄에 맞춘 순서 배열

영어·일어·중국어에 기초 지식이 없어도 현지에서 유용하게 쓸 수 있도록 실제 여행에서 자주 사용되는 표현들로 구성했으며, 여행 준비 과정은 물론이고 공항·호텔·교통·식사·관광·쇼핑·건강·전화/통신·긴급 상황·귀국에 이르기까지 다양한 상황에 대처하여 자신감 있고 즐겁게 여행할 수 있도록 구성했습니다.

2. 영어·일어·중국어, 원하는 표현을 찾아보기 쉽게 구성

우리말을 먼저 제시하고, 영어·일어·중국어를 색깔별로 구분하여 누구나 찾아보기 쉽게 구성했으며, 회화를 제대로 구사하지 못해도 한글로 발음을 달아두었기 때문에 잘 읽기만 하면 현지인과 바로 소통할 수 있습니다.

3. 즉석에서 찾아 간편하게 쓸 수 있는 여행 관련 단어

'미리보는 여행지'란에 세계적인 명소의 사진을 실었고, 필요한 단어를 즉석에서 찾아볼 수 있도록 여행에 관련된 단어를 PART별로 수록했습니다.

CONTENTS

part 1 기본 표현
01 긍정과 부정 22
02 인사 표현 26
03 질문하기 36
04 부탁하기 42
05 기본 어휘 48

part 2 기내에서
기내 가이드 58
01 좌석에서 60
02 요청하기 64
03 승무원에게 68

part 3 공항
공항 가이드 76
01 입국 절차 78
02 세관 통과 82
03 환전소 86
04 관광 안내소 90
05 시내로 이동 94

part 4 호텔
숙박 가이드 104
01 체크인 106
02 안내 110
03 서비스맨에게 116
04 불편한 점이 있을 때 120
05 식사 126
06 세탁 130
07 체크아웃 134

part 5 교통
교통 가이드 144
01 길을 물을 때 146
02 택시를 이용할 때 150
03 버스를 이용할 때 156
04 지하철을 이용할 때 160
05 열차를 이용할 때 164
06 렌터카를 이용할 때 170
07 선박을 이용할 때 174
08 화장실 178

part 6 관광
관광 가이드 194
01 관광안내소 196
02 교통편 200
03 관광 안내 204
04 기념 촬영 208

part 7 레스토랑
식사 가이드 224
01 찾아가기 226

02 주문하기	230
03 식사 중	236
04 식사 후	240
05 패스트푸드점에서	244
06 카페에서	246

part 8 쇼핑

쇼핑 가이드	258
01 매장 찾기	260
02 매장에서	264
03 지불	270
04 반품·교환	276

part 9 건강

건강 가이드	288
01 병원	290
02 약국	298

part 10 전화·통신

전화·통신 가이드	308
01 전화 표현	310
02 국제전화	316
03 우체국	320

part 11 미용·이발

01 미용실 표현	330
02 이발소 표현	334

part 12 긴급 상황

긴급 상황 가이드	342
01 분실	344
02 도난	348
03 재난·재해	352
04 교통사고	354

part 13 귀국

귀국 가이드	360
01 예약 확인	362
02 공항으로 갈 때	366
03 출국 절차	368

part 14 기본 용어

01 숫자	376
02 단위	382
03 방향·위치	384
04 계절·월·요일	386
05 시간·날짜	390
06 색깔	394
07 국가명	396
08 가족·인칭	398
09 직업	404

여행 준비

해외여행을 하기 위해서는 우선 준비를 철저히 해야 한다. 가장 기본적인 준비는 여권 만들기, 방문국의 비자 취득(비자 면제 국가는 제외), 각종 여행 정보 수집, 국제운전면허증 등 각종 증명서 만들기, 출국 교통편 정하기, 숙박 예약, 환전 및 여행에 필요한 짐 챙기기 등이 있다. 물론 이러한 준비는 여행사를 통해서 간편하게 할 수 있다.

여권(passport)

여권은 외국을 여행할 때 여행자의 신분과 국적을 증빙하고 그 보호를 의뢰하는 문서이다. 여권의 종류는 일반여권, 관용여권, 외교관여권으로 나눌 수 있다. 일반여권의 종류는 1년 유효한 일회용 여권인 단수여권과 10년 동안 횟수의 제한 없이 사용할 수 있는 복수여권으로 나뉘는데 여행을 자주 하는 분들은 복수여권을 발급받는 게 좋다.

우리나라는 2008년 8월 25일부터 일반여권을 전자여권 형태로 발급하고 있는데, 비접촉식 IC칩을 내장하여 신원정보와 바이오인식정보를 저장한 여권을 말한다.

여권은 외교통상부 여권과(www.passport.go.kr) 및 시청·구청·군청 등에서 발급받을 수 있다.

여권 발급 시의 구비 서류는 다음과 같다.

❶ 여권 발급 신청서 1부
❷ 여권용 사진 1매 (전자여권이 아닌 경우 2매)
❸ 주민등록증이나 운전면허증, 구여권
❹ 주민등록등본
❺ 병무 확인서
❻ 수수료 55,000원(여권 발급 수수료 + 국제교류 기여금 포함, 여권의 종류에 따라 다름)

◆ 여권 발급 수수료

종류	구분			수수료
전자여권	복수여권	5년 초과 10년 이내		55,000원
		5년	만 8세 이상	47,000원
			만 8세 미만	
	단수여권	1년 이내		20,000원
사진 부착식 여권	단수여권	1년 이내		15,000원

여권의 유효기간 연장

2008년 6월 28일 이전에 발급된 복수 일반여권의 경우 유효기간을 연장할 수 있다. 이 경우 유효기간의 연장 신청은 여권의 유효기간 만료 전 1년부터 만료 후 1년 내에 해야 한다.
구비 서류는 다음과 같다.

❶ 여권발급신청서
❷ 여권용 사진 1매 (6개월 이내에 촬영한 사진, 사진 부착식 여권은 2매)
❸ 신분증
❹ 병역 관계 서류

· 여권 발급 소요 기간 : 4~5일, 성수기에는 7~10일
· 외교통상부 여권과 : Tel (02) 720-4956

비자(visa)

미국 비자 🇺🇸

비자는 여행하고자 하는 국가기관(대사관)에 의뢰하면 입국을 허가하는 공식 문서이다. 미국 비자는 미국에서 일을 하거나 학교를 다니며 영구히 거주하려는 목적을 지닌 사람들을 위한 이민비자(그린카드 또는 영주권)와 관광객, 사업자, 학생 또는 단기 취업을 위해 일정 기간 미국에 체류한 뒤 기한이 종료된 시점에 자국으로 반드시 돌아간다는 전제하에 발급해 주는 비이민비자로

나뉜다.

미국 정부는 90일 이내 비자 없이 관광 또는 상용 목적에 한하여 미국 방문을 허용하는 제도인 비자면제 프로그램(VWP : Visa Waiver Program)을 실시하고 있다.

그러나 유학이나 취업, 공연, 투자, 취재 또는 90일 이상 체류할 계획이라면 비자를 발급받아야 하며, 비자면제프로그램을 이용하여 미국에 입국하는 모든 여행자들은 여행 전에 전자여행허가 사이트(https://esta.cbp.dhs.gov)에서 여행 허가를 받아야 한다. 비자면제프로그램 홍보 사이트(www.vwpkorea.go.kr)나 주한미국대사관 홈페이지(korean.seoul.usembassy.gov)를 이용하면 더욱 자세히 알 수 있다.

일본 비자

일본에 가기 위해서는 여권을 발급받고 일본대사관 또는 총영사관에서 미리 사증을 취득해야만 한다. 그러나 한국인에 대해서는 2006년 3월부터 무기한으로 사증면제조치가 실시되고 있다.

일반여권을 소지한 한국인이 단기 체재(90일 이내)를 목적으로 일본에 입국하고자 하는 경우에는 사증이 필요 없게 된 것이다.

중국 비자

2007년 9월 1일부터 주한중국대사관은 외국인의 여행·상무·유학·취업·경유 등 중국비자의 개인 접수를 받지 않고 지정여행사를 통하여 비자를 신청하도록 하고 있다(단, 홍콩비자는 제외). 그러므로 영사부 비자 수수료 외에 지정여행사의 대행료가 별도로 청구된다. 주한중국대사관 홈페이지(www.chinaemb.or.kr)를 이용하면 더욱 자세히 알 수 있다.

비자 신청을 위한 구비 서류는 다음과 같다.

❶ 여권 원본, 신분증 복사본
❷ 여권용 사진 1매
❸ 비자 신청서
❹ 중국측 호텔의 예약확인서, 왕복항공권 또는 연결 항공권

◆ 영사부 비자 수수료

종류	보통(3박4일)	급행(1박2일)
단수비자	35,000원	59,000원
2차비자	53,000원	77,000원
6개월 복수비자	70,000원	94,000원
1년 복수비자	100,000원	124,000원
단체비자	15,000원	27,000원

여행 가방 꾸리기

여행 일정에서 가장 중요한 것은 짐을 꾸리는 일이다. 짐을 대충 꾸렸다가는 여행지에서 낭패를 보기 십상이다. 최소한 2개의 가방(짐가방, 손가방)을 준비하여 큰 가방은 호텔이나 짐보관소에 맡기고 작은 가방만 소지하고 간편하게 다닌다. 우선 짐가방에 들어갈 부피가 큰 것부터 살펴보자.

❶ 기본적으로 속옷과 양말, 티셔츠 2~4벌, 여행지의 기후에 따라 바지와 반바지 등을 준비한다. 그리고 일교차의 변화에 대비하여 스웨터도 준비한다. 옷가지는 평소에 입던 편안한 것 위주로 준비하는 게 좋다.

❷ 신발은 새것보다는 평소에 신던 운동화처럼 편한 것이 좋다. 여름이라면 샌들도 괜찮다.
세면도구는 숙박료가 싼 호텔이나 유스호스텔 등에는 설비가 잘 되어 있지 않은 곳이 많기 때문에 여행용 세면도구를 준비한다. 이밖에도 타월, 드라이어, 수영복, 잠옷, 모자, 칫솔, 면도기, 화장품, 손톱깎이, 상비약 등을 준비한다.

❸ 손가방에는 항공권, 여권, 비자, 카메라, 운전면허증, 돈, 신용카드, 손수건, 선글라스, 여행안내서, 필기구 등 여행 중에 필요한 것들만 모아서 들고 다닌다. 만약을 대비하여 여권과 비자, 항공권 등의 중요한 서류들은 복사본도 함께 소지하는 게 좋다.

여행자보험

여행지에서 활동 중에 발생하는 상해, 질병, 사망 등을 보장해 주는 상품으로 여행이 금지된 나라로 가는 것이 아니라면 누구나 가입이 가능하다. 대부분의 사람들이 안일한 생각으로 무작정 떠나지만 만일을 대비해서 가입해 놓는 것이 좋다. 요즘에는 여행 중 소지품 도난사고나 휴대폰의 도난 및 파손, 항공기 납치로 인한 손해가 발생해도 보험금을 수령할 수 있다. 그러므로 각 보험사의 보상 조건을 비교해 보고 가입하자.

여행 가방의 크기와 무게

비행기에 맡길 수 있는 짐은 행선지와 클래스에 따라 다르다.

A. 위탁 수화물의 경우 (화물칸으로 운반)

먼저 위탁 수화물 허용량은 기본적으로 미주 지역은 수화물 개수가 기준(23kg 2개까지), 유럽을 포함한 미주 이외의 지역은 무게가 기준이 된다. 그러나 항공사와 노선별, 좌석 등급별로 무료 운송 기준이 다르므로 이용할 항공사로 문의하는 게 좋다.

B. 휴대 수화물의 경우(항공기 좌석 위 선반)

휴대 수화물은 항공기의 안전 운항과 편안한 여행을 위하여, 이코노미 클래스인 경우 선반 혹은 좌석 아래에 넣을 수 있는 115cm(55cm×40cm×20cm) 이하 10kg(대한항공의 경우 12kg) 이하의 짐 1개이며, 프레스티지 및 비즈니스 클래스와 퍼스트 클래스는 2개까지 반입 가능하다.
이보다 큰 짐은 출국 수속 때 따로 부쳐야 한다.

✱ 기내반입금지물품 (Restrict Items)

기내반입금지물품은 항공기의 안전한 운항과 승객을 보호하기 위해 비행기에 가지고 탈 수 없도록 한 물건으로, 미국의 9.11테러 사건 이후 더욱 엄격하게 제한되고 있다.

◆ 객실 내 휴대반입 통제 대상품목

물 및 음료류	생수, 과실 음료(야채주스 등), 청량 음료(콜라, 사이다 등), 홍차 음료, 커피, 유산균 음료, 스포츠용 음료, 식초 음료, 알코올 음료(소주·청주·맥주·위스키·한방술 등), 유제품(탈지유·농축 우유, 요구르트 등), 얼음류(아이스크림, 빙과류 등) 등
국 종류 (스프류)	곰탕, 설렁탕, 다시마 국물
시럽(즙)류	꿀, 물엿, 시럽, 엑기스
잼류	스프레드류, 초코 크림, 버터류
스튜류	통조림

소스류	각종 장류(된장, 고추장 등)
반죽(풀)류	도우(dough)
소스류 또는 액체류 포함 음식류	김치류, 액체 절임 고기류, 액젓류 등
크림류	약용 크림, 연고, 보습 크림, 화장 클렌징, 구두약, 구두 크림
로션류	밀크 로션, 스킨 로션, 바디 로션, 자외선차단 로션, 화장수, 액체 비누
화장품류	액상파운데이션, 매니큐어, 매니큐어 제거제
오일류	식용유, 올리브유, 쇼트닝
향수류	샤워코롱, 향수
분무류	헤어 스프레이
겔류(헤어 및 샤워젤 포함)	샴푸, 린스, 트리트먼트
면도 거품제 포함 압력용기 품목	세안 폼, 면도 크림
탈취제류	신체 냄새 제거제, 액상제균제
치약류	구강 세정제, 구강 청정제
액체혼합 물질	한방 건강 식품류(십전대보탕 등), 먹물, 물감, 수성 그림 도구, 만년필 잉크
마스카라	액체 마스카라, 액상 아이라이너
립글로즈/립밤	루즈 포함
실내 온도에서 액체류 상태를 유지하는 모든 물질	액체류로 의심되는 모든 물질 포함 (용기에 담겨 있지 않으면 형태를 유지하기 곤란한 물질 및 내용물을 확인할 수 없는 용기에 담겨져 있는 물질은 통제)

아래의 사항을 모두 충족하는 액체류는 항공기 내로 반입될 수 있다.

- 단위 용기당 100㎖(또는 이와 동등한 용량표시-예: 온스, 그램, 3.4온스=100그램) 이하의 용기 사용. 단 100㎖를 초과하는 빈 용기의 반입은 허용
- 용기의 최대 용량이 1리터(크기 기준 : 20.5cm × 20.5cm, 25cm × 15cm 또는 이와 동등한 것)를 초과하지 않는 투명봉투(TRSPB, Transparent Re-Sealable Plastic Bags)를 사용(일부 분량이 담긴 경우는 허용)한다.

◆ 반입허용 물질 및 허용 기준

품목	반입허용 물질	허용 기준
처방 약품	의사처방전 있는 모든 약품	*항공 여행에 적합한 용량만 허용 *보안검색 시 검색요원에게 별도 제시
시판 약품	액상 감기약, 액상 위장약, 기침 억제 시럽(젤, 캡셀약 포함), 비강스프레이, 콘텍트 렌즈용제(보존액), 해열파스, 안약, 의료용 식염수	
비 의약품	의료 목적으로 사용되는 얼음(이식용 장기보관용), 혈액 또는 혈액관련 약제, 자폐증 환자용 음료	
특별식이 처방음식	승객의 건강에 꼭 필요하다는 의사처방이 있는 음식	
의료 장비 (용구)	압축산소 또는 공기 실린더, 인공 신장용 실린더	5kg(총중량) 이하
유아용품	우유, 물, 주스, 모유, 액체, 젤, 죽, 형태의 음식 및 물휴지	*유아 동반에 한하여 항공여행에 적합한 용량만 허용 *보안검색 시 검색요원에게 별도 제시

인천국제공항 고속도로

인천국제공항 고속도로는 공항 이용객의 정시성 확보를 최우선으로 감안하여 지역간 통행 기능을 배제하고 오직 인천국제공항 방면으로만 통행이 가능한 인천국제공항 전용 고속도로이다. 즉, 인천국제공항 고속도로로 진입하면 중간에서 김포공항이나 인천 지역 등으로는 갈 수 없다.

◆ 인천국제공항고속도로 진입로 현황(5개소의 진입로)

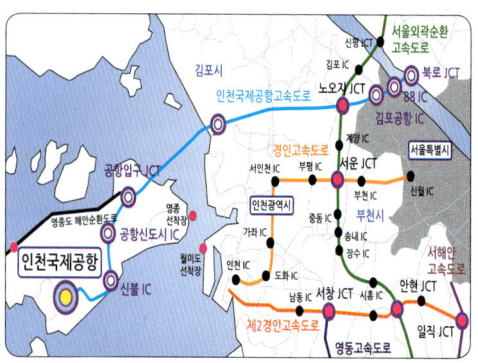

- 인천국제공항고속도로
- 경인고속도로
- 제2경인고속도로
- 서울외곽순환고속도로
- 영동고속도로
- 영종도해안순환도로

- 은평, 마포 등 서울의 북부 지역 : 강변북로 및 자유로와 연결되는 북로 JCT
- 강남, 서초, 영등포, 여의도 등의 지역 : 올림픽대로와 연결되는 88 JCT
- 김포공항 및 강서 지역 : 김포공항 IC
- 김포, 부천, 시흥, 일산 등의 지역 : 외곽순환고속도로와 연결되는 노오지 JCT
- 동인천 및 서인천 지역 : 북인천 IC

인천 국제공항 가는 길

★ 자가용 이용시 유의 사항

여객터미널 출발도착층 진입로는 버스와 승용차(택시 포함)의 진입로가 분리되어 있으므로 도로 안내 표지의 승용차·택시용 진입 차선을 반드시 지켜서 진입해야 한다. 출발층(고가도로, 3층)에서는 택시, 승용차 구분 없이 목적하는 항공사와 가까운 위치에서 승하차할 수 있다. 단, 승하차를 위한 5분 이상의 정차는 안 된다. 도착층(지상, 1층)에서는 택시, 승용차의 정차 위치가 지정되어 있으므로 지정된 위치에 정차해야 한다. 출발 도착층에서는 장시간의 정차가 허용되지 않으므로 승하차 후 즉시 출발해야 한다.

★ 공항 철도

공항 철도는 현재 인천공항과 김포공항 간을 운행 중에 있으며, 김포공항에서는 지하철 5호선·9호선과 연결된다.

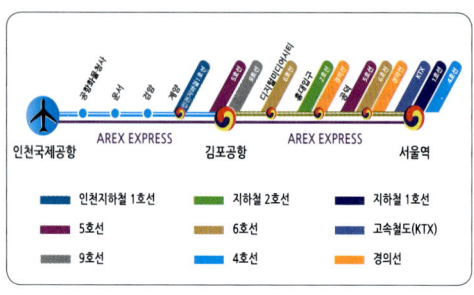

- 공항철도(주) : (032) 745-7788 (www.arex.or.kr)

part 1

기본 표현

Basic expressions

01 긍정과 부정

02 인사 표현

03 질문하기

04 부탁하기

05 기본 어휘

긍정과 부정

🇰🇷	🇺🇸
예.	Yes. 예스.
아니오.	No. 노우.
맞습니다.	That's right. 댓츠 라잇.
모르겠습니다.	I don't know. 아이 돈 노우.

the Statue of Liberty
자유의 여신상
미국 (UNITED STATES OF AMERICA)

기본 표현 — 긍정과 부정

🇯🇵	🇨🇳
はい。 하이.	shì de / hǎo de 是的。/好的。 슬더. / 하오더.
いいえ。 이-에.	bú shì 不是。 부슬.
その通(とお)りです。 소노 토-리데스.	duì 对。 뚜이.
分(わ)かりません。 와까리마센.	bù zhī dào 不知道。 부쯔따오.

23

→ PART 01
기본 표현

🇰🇷	🇺🇸
동의합니다.	**I agree with you.** 아이 어그리 위쥬.
반대합니다.	**I disagree with you.** 아이 디스어그리 위쥬.
그럴지도 모르죠.	**Could be so.** 쿳 비 소우.
물론이죠.	**Of course.** 옵 코얼스.

기본 표현

긍정과 부정

🇯🇵	🇨🇳
<ruby>どうい</ruby> 同意します。 도-이시마스.	wǒ tóng yì 我同意。 워 통이.
はんたい 反対です。 한따이데스.	wǒ fǎnduì 我反对。 워 판뚜이.
そうかも知れません。 소-까모 시레마셍.	kě nénghuì zhèyàng 可能会这样。 커넝 회이 쩌양.
もちろんです。 모찌론데스.	dāngrán 当然。 땅란.

인사 표현

안녕하십니까? (아침 인사)	Good morning. 굿 모닝?
안녕하십니까? (점심 인사)	Good afternoon. 굿 앺터눈-?
안녕하십니까? (저녁 인사)	Good evening. 굿 이-브닝?
안녕히 주무세요.	Good night. 굿 나잇.

Mount Fuji

후지산
일본 (JAPAN)

기본표현 — 인사표현

🇯🇵	🇨🇳
おはよう。 오하요-?	zǎo nǐ hǎo nín hǎo **早。/你好。/您好。** 자오? / 니하오? / 닌하오?
こんにちは。 곤니찌와?	nǐ hǎo nínhǎo **你好。/您好。** 니하오? / 닌하오?
こんばんは。 곰방와?	nǐ hǎo nínhǎo **你好。/您好。** 니하오? / 닌하오?
おやすみなさい。 오야스미나사이.	wǎn ān **晚安。** 완안.

→ PART 01
기본 표현

🇰🇷	🇺🇸
안녕히 가세요.	Good-bye. 굿 바이.
처음 뵙겠습니다.	How do you do? 하우 두 유 두-?
또 만납시다.	Let's meet again! 레츠 밋- 어게인!
내일 봐요.	See you tomorrow! 씨유 투모로우!

기본 표현 - 인사 표현

🇯🇵	🇨🇳
さようなら。 사요-나라.	zàijiàn 再见。 짜이찌엔.
はじめまして。 하지메마시떼.	chū cì jiànmiàn 初次见面。 추츠찌엔미엔.
また会いましょう。 마따 아이마쇼-.	yǐ hòu zài jiàn 以后再见。 이호우 짜이 찌엔.
また明日! 마따 아시따!	míngtiānjiàn 明天见。 밍티엔 찌엔.

→ PART 01
기본 표현

감사합니다.	Thank you (very much). 쌩큐-(베리 머취).
실례합니다.	Excuse me. 익스큐-즈 미-.
천만에요.	You're welcome. 유어 웰컴.
괜찮아요.	That's all right. 대츠 올 라잇.

기본표현

인사표현

🇯🇵	🇨🇳
ありがとうございます。 아리가또- 고자이마스.	xièxie 谢谢。 씨에씨에.
しつれい 失礼しました。 시쯔레-시마시따.	duì bù qǐ　bù hǎo yì si 对不起。/不好意思。 뚜이부치. / 부하오이쓰.
どういたしまして。 도-이따시마시떼.	bú kè qi 不客气。 부커치.
いいんです。 이인데스.	méi guān xi 没关系。 메이관시.

→ PART 01
기본 표현

축하합니다.	Congratulations. 컹그래츌레이션즈.
건배!	Cheers! 치-어즈!
좋습니다. (동의)	All right. 올- 라잇.
제 이름은 서정화입니다.	My name is Jeonghwa Seo. 마이 네임 이즈 정화서.

기본 표현 - 인사 표현

🇯🇵	🇨🇳
おめでとう。 오메데또-.	zhù hè nǐ 祝贺你。 주허 니.
かんぱい 乾杯！ 캄빠이!	gānbēi 干杯。 간뻬이!
けっこうです。 켁꼬-데스.	hǎo de 好的。 하오더.
わたし なまえ 私の名前はソジョンファです。 와따시노 나마에와 소죵화데스.	wǒ jiào Xú Zhènghuá 我叫徐正华。 워 찌아오 쉬쩡화.

→ PART 01
기본 표현

저는 한국 사람입니다.	I'm Korean. 아임 코리언.
만나서 반갑습니다.	Nice to meet you. 나이스터 밋츄.
즐거운 여행되세요.	Have a good trip! 해버 굿 트립!
덥[춥]군요.	It's hot[cold], isn't it? 잇츠 핫[코울드], 이즌 잇?

<ruby>私<rt>わたし</rt></ruby>は<ruby>韓国人<rt>かんこくじん</rt></ruby>です。 와따시와 캉꼬꾸징데스.	wǒ shì hánguórén 我是韩国人。 워 슬 한궈런.
お<ruby>会<rt>あ</rt></ruby>いできて<ruby>嬉<rt>うれ</rt></ruby>しいです。 오아이데끼떼 우레시-데스.	jiàndào nǐ hěn gāoxìng 见到你很高兴。 찌엔따오 니 헌 까오씽.
よいご<ruby>旅行<rt>りょこう</rt></ruby>を。 요이 고료꼬-오.	zhùnín lǚ tú yú kuài 祝您旅途愉快。 주닌 리우투 위콰이.
<ruby>暑<rt>あつ</rt></ruby>い[<ruby>寒<rt>さむ</rt></ruby>い]ですね。 아쯔이[사무이]데스네.	zhēn rè lěng a 真热(冷)啊。 쩐 러(렁) 아.

기본 표현 — 인사 표현

03 질문하기

잠시 물어 볼 게 있는데요.	**May I ask a question?** 메이 아이 애스커 퀘스천?
이것은 무엇입니까?	**What's this?** 와츠 디스?
무슨 뜻이죠?	**What does this mean?** 왓 더즈 디스 민-?
이름이 뭐죠?	**May I have your name?** 메이 아이 해브 유어 네임?

미리보는 여행지

the Tiananmen Square

천안문
중국 (CHINA)

기본표현 — 질문하기

🇯🇵	🇨🇳
ちょっと聞いてもいいですか。 춋또 키이떼모 이-데스까?	wǒ xiǎngwèn yí xià 我想问一下。 워 샹 웬이샤.
これは何ですか。 코레와 난데스까?	zhè shì shén me 这是什么? 쪄 슬 션머?
これは何の意味ですか。 코레와 난노 이미데스까?	shén me yì si 什么意思? 션머 이쓰?
あなたのお名前は? 아나따노 오나마에와?	nǐ jiàoshén me míng zi 你叫什么名字? 니 찌아오 션머 밍즈?

37

→ PART 01
기본 표현

엘리베이터는 어디입니까?	**Where is the elevator?** 웨어 리즈 디 엘리베이터?
화장실은 어디입니까?	**Where is the restroom?** 웨어 리즈 더 레스트룸?
입구는 어디입니까?	**Where's the entrance?** 웨얼즈 디 엔트런스?
~이 있습니까?	**Is[Are] there ~?** 이즈[아-] 데어~?

🇯🇵	🇨🇳	기본표현
エレベーターはどこですか。 에레베-타-와 도꼬데스까?	diàn tī zài nǎ lǐ **电梯在哪里?** 디엔티 짜이 나리?	질문하기
トイレはどこですか。 토이레와 도꼬데스까?	wèi shēng jiān zài nǎ lǐ **卫生间在哪里?** 웨이성지엔 짜이 나리?	
いりぐち **入口はどこですか。** 이리구찌와 도꼬데스까?	rù kǒu zài nǎ lǐ **入口在哪里?** 루코우 짜이 나리?	
〜がありますか。 〜가 아리마스까?	yǒu ma **有…。吗?** 요우…. 마?	

→ PART 01
기본 표현

한국말을 아는 사람이 있습니까?	Can someone here speak Korean? 캔 썸원 히어 스피-크 코리-언?
당신 먼저 하세요.	After you. 애프터- 유~.
얼마입니까?	How much is it? 하우 머취 이즈 잇?
알겠습니다.	I see. 아이 씨-.

^{かんこくご}韓国語のわかる^{ひと}人はいますか。 캉꼬꾸고노 와까루 히또와 이마스까?	yǒuhuì shuōhán yǔ de rén 有会说韩语的人 ma 吗? 요우 회이 슈어 한위 더 런 마?
^{さき}お先にどうぞ。 오사끼니 도-조.	nín xiān qǐng 您先请。 닌 시엔 칭.
いくらですか。 이꾸라데스까?	duō shǎo qián 多少钱? 뚜우어샤오 치엔?
わかりました。 와까리마시따.	zhī dào le 知道了。 쯔다올 러.

기본 표현 — 질문하기

04 부탁하기

🇰🇷	🇺🇸
다시 한 번 말씀해 주세요.	Pardon me? 파-든 미-?
좀 더 천천히 말씀해 주세요.	Please speak more slowly. 플리-즈 스피-크 모어 슬로울리-.
여기에 써 주세요.	Please write it here. 플리-즈 라이릿 히어.
물을 주십시오.	Water, please. 워-터- 플리-즈.

Hollywood

헐리우드
미국 (UNITED STATES OF AMERICA)

기본표현 — 부탁하기

もう一度言って下さい。
모- 이찌도 잇떼 쿠다사이.

qǐng zài shuō yí biàn
请再说一遍。
칭 짜이 슈어 이 비엔.

もっとゆっくり言って下さい。
못또 육꾸리 잇떼 쿠다사이.

qǐng zài shuō màn yì diǎn ér
请再说慢一点儿。
칭 짜이 슈어 만이디알.

ここに書いて下さい。
코꼬니 카이떼 쿠다사이.

qǐng xiě zài zhè lǐ
请写在这里。
칭 시에 짜이 쩌리.

水を下さい。
미즈오 쿠다사이.

qǐng gěi wǒ shuǐ
请给我水。
칭 게이 워 쉐이.

→ PART 01
기본 표현

(여행사) 가이드에게 말해 주세요.	**Please tell the tour conductor.** 플리-즈 텔 더 투어-컨덕터.
서둘러 주세요.	**Please hurry.** 플리-즈 허리-.
도와주시겠습니까?	**Can you help me?** 캔 유 핼프 미?
의사(경찰관)를 불러 주세요.	**Call a doctor [a policeman].** 콜-어 닥터- [어 폴리-스먼].

🇯🇵	🇨🇳	기본표현
てんじょういん はな くだ **添乗員に話して下さい。** 텐죠-잉니 하나시떼 쿠다사이.	qǐng gēn dǎoyóu shuō yí xià **请跟导游说一下。** 칭 껀 다오요 슈어이샤.	부 탁 하 기
いそ くだ **急いで下さい。** 이소이데 쿠다사이.	qǐng kuài yì diǎn ér **请快一点儿。** 칭 콰이디알.	
たす **助けていただけますか。** 타스께떼 이따다께마스까?	néng bāng yí xià máng ma **能帮一下忙吗?** 넝 빵 이샤 망 마?	
い し けいかん よ **医師[警官]を呼んで下さい。** 이시[케-깐]오 욘데 쿠다사이.	qǐng jiào yī shēng (jǐng chá) lái **请叫医生(警察)来。** 칭 찌아오 이셩(징차) 라이.	

→ PART 01
기 본 표 현

조용히 해 주세요.	Please be quiet. 플리즈 비 콰이엇.
~이 필요합니다.	I want~. 아이 원트~.
~을 잃어버렸습니다.	I lost~. 아이 로스트~.
~을 찾고 있습니다.	I'm looking for~. 아임 룩킹 퍼~.

기본 표현 — 부탁하기

🇯🇵	🇨🇳
<ruby>静<rt>しず</rt></ruby>かにしてください。 시즈까니 시떼 쿠다사이.	qǐng ān jìng diǎn ér 请安静点儿。 칭 안징디알.
~がほしい。 ~가 호시이.	wǒ xiǎng yào 我想要…。 워 샹 야오….
~を<ruby>無<rt>な</rt></ruby>くしました。 ~오 나꾸시마시따.	wǒ diū le 我丢了…。 워 띠울 러….
~を<ruby>探<rt>さが</rt></ruby>しています。 ~오 사가시떼 이마스.	wǒ zài zhǎo 我在找…。 워 짜이 쟈오….

기본 어휘

🇰🇷	🇺🇸
무엇?	What? 왓?
누구?	Who? 후-?
어디?	Where? 웨어?
언제?	When? 웬?

미리보는 여행지

Tokyo Tower

도쿄타워
일본 (JAPAN)

기본 표현 / 기본 어휘

🇯🇵	🇨🇳
なに 何? 나니?	shén me 什么? 션머?
だれ 誰? 다레?	shuí 谁? 쉐이?
どこ? 도꼬?	nǎ li 哪里? 나리?
いつ? 이쯔?	shén me shí hou 什么时候? 션머시호우?

→ PART 01
기본 표현

왜?	**Why?** 와이?
몇 시에?	**What time?** 왓 타임?
어떻게?	**How?** 하우?
어느 쪽?	**Which?** 위치?

기본 표현 — 기본 어휘

なぜ？ 나제?	wèi shén me 为什么? 웨이션머?
なんじ 何時に？ 난지니?	jǐ diǎn 几点? 지디엔?
どういうふうに？ 도-이우후-니?	zěn me 怎么? 전머?
どちら？ 도찌라?	nǎ 哪? 나?

51

→ PART 01
기본 표현

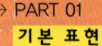

🇰🇷	🇺🇸
얼마나? (양)	**How many?** (셀 수 있는 것) **How much?** (셀 수 없는 것) 하우 메니? / 하우 머취?
어느 정도? (거리)	**How far?** 하우 파-?
조금.	**A little.** 어 리틀.
많이.	**Many. / Much.** 메니. / 머취.

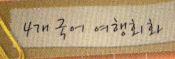

🇯🇵	🇨🇳
どのくらい? 도노꾸라이?	**duōshǎo** **多少?** 뚜우어샤오?
どのくらい? 도노꾸라이?	**duōyuǎn** **多远?** 뚜우어위엔?
すこ **少し。** 스꼬시.	**yì diǎn ér** **一点儿。** 이디알.
たくさん。 타꾸상.	**hěn duō** **很多。** 헌뚜우어.

기본표현

기본어휘

→ PART 01
기본 표현

제발!	**Please!** 플리-즈!
멋져요!	**Wonderful! / Fantastic!** 원더펄! / 팬태스틱!
맛있어요!	**Delicious!** 딜리셔스!
물론.	**Sure.** 슈어.

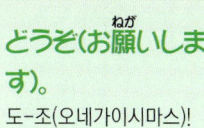

기본표현 — 기본어휘

🇯🇵	🇨🇳
どうぞ(お願いします)。 도-조(오네가이시마스)!	qǐng 请。 칭!
素晴らしいですね。 스바라시-데스네!	tài zhuàngguān le 太壮观了! 타이 주앙관러!
おいしい! 오이시-!	tài hǎochī le 太好吃了! 타이 하오츠러!
もちろん。 모찌롱.	dāngrán 当然。 땅란.

part 2

기내에서

in the cabin

01 좌석에서
02 요청하기
03 승무원에게

기내가이드

비행기에 오르면 좌석을 찾아 앉는다. 비행기를 처음 타거나 배정된 좌석을 찾기 힘들 때는 항상 스튜어디스에게 도움을 청한다. 좌석 위쪽 짐칸에 기내용 가방을 올리고 카메라나 간단한 소지품 가방은 아래쪽에 보관하면 된다.

외국 비행기에 탑승했을 경우 의사소통이 어렵더라도 좌석권을 스튜어디스에게 보여주기만 하면 직원들이 알아서 서비스를 제공해 준다. 승무원을 불러야 할 경우에는 호출 버튼을 이용하면 된다.

★ 기내식

여행의 또 다른 별미가 바로 기내식이라고 할 만큼 요즘에는 나라마다 항공사마다 개성과 특색 있는 기내식을 제공하고 있다. 우리나라의 대한항공은 비빔밥, 일본의 ANA항공은 초밥, 소바 등. 동남아 등의 단거리 노선(2~4시간 소요)의 경우 보통 음료와 스낵이 제공된 후에 식사가 제공된다. 식사는 2가지 중에서 자신의 입맛에 맞는 것을 고르면 된다.

유럽이나 미주 등의 장거리 노선의 경우는 2~3번의 식사가 제공된다. 그러나 식이조절을 해야 하는 분이나 알레르기(아토피)가 있는 어린아이, 채식주의, 종교적인 이유로 일반적인 기내식을 못 먹는 분, 또는 별도 요청이 있을 경우에 특별식이 제공되는데 24시간 전에 항공사나 여행사에 전화로 신청을 하면 된다. 만약 제공된 기내식으로 양이 차지 않는 경우는 승무원에게 1개 더 요구해 본다. 기내식은 보통 승객수보다 좀 더 여유롭게 준비하므로 제공받을 수 있을 것이다.

★ 수분 보충과 운동

장거리 비행의 경우 기내에서 오랫동안 꼼짝 않고 앉아 있는 것도 매우 힘든 일이다. 간단하게 목과 손목, 어깨, 다리의 근육을 풀어주는 스트레칭과 기내의 통로를 걷는 게 좋다. 또한 비행기 안은 상당히 건조하고 고도가 높아질수록 자외선이 강하기 때문에 피부 노화나 기미, 주근깨 등이 생기기도 쉽다. 그러므로 자외선 차단제를 2~3시간에 한 번씩 발라주고 수분을 보충해 준다.

커피나 탄산음료, 맥주, 홍차보다는 물을 마시는 것이 좋다. 또한 기내에서는 메이크업을 지우고 여행용 로션과 스킨을 이용하는 것도 좋은 방법이다.

★ 출입국 기록 카드와 세관신고서 작성

탑승기가 공항에 도착하기 전에 기내에서 배부되는 출입국 기록 카드와 세관신고서를 정확히 기재한다. 입국서류에는 이름과 여권번호, 국적, 비행기 편명, 여행 목적, 숙박 장소 등을 기록하고, 세관신고서에는 소지한 금액과 입국제한물품 소지 여부 등을 체크한다.

잘 모를 경우 승무원의 도움을 받아 기재하면 된다. 면세품 구입 시에는 각국의 면세 통관허용량을 고려하여 지나치지 않도록 한다.

01 좌석에서

🇰🇷	🇺🇸
이 좌석은 어디입니까?	**Where is this seat?** 웨어리즈 디스 씨-트?
좀 지나가겠습니다.	**May I get through?** 메이 아이 겟 쓰루-.
여기 앉아도 됩니까?	**May I sit here?** 메이 아이 싯 히어?
이 가방 좀 짐칸에 넣어 주시겠어요?	**May I ask to put this bag in the overhead compartment?** 메이 아이 애스크 투 풋 디스 백 인더 오버헤드 컴파트먼트?

미리보는 여행지

Megalithic Temples of Malta

거석사원
몰타 (MALTA)

기내에서 - 좌석에서

この<ruby>座席番号<rt>ざせきばんごう</rt></ruby>はどの<ruby>辺<rt>へん</rt></ruby>ですか。 코노 자세끼 방고- 와 도노 헨데스까?	zhè ge zuòwèi zài nǎ lǐ 这个座位在哪里? 쩌 거 쭈어 웨이 짜이 나리?
ちょっと<ruby>通<rt>とお</rt></ruby>してください。 좃또 토-시떼 쿠다사이.	qǐng ràng wǒ guò yí xià 请让我过一下。 칭 랑 워 꾸어이샤.
この<ruby>席<rt>せき</rt></ruby>に<ruby>座<rt>すわ</rt></ruby>っていいですか。 코노 세끼니 스왓떼 이-데스까?	wǒ ké yǐ zuòzhè lǐ ma 我可以坐这里吗? 워 커이 쭈어 쩌리 마?
このかばんを<ruby>上<rt>うえ</rt></ruby>のトランクに<ruby>入<rt>い</rt></ruby>れていただけますか。 코노 카방오 우에노 토랑꾸니 이레떼 이타다께 마스까?	ké yǐ bāng wǒ bǎ zhè ge bāo fàng jìn zuòwèi shàngmian de xíng lǐ xiāng ma 可以帮我把这个包放进座位上面的行李箱吗? 커이 빵 워 바 쩌거 빠오 팡찐 쭈어웨이 샹미엔더 싱리샹마?

→ PART 02
기내에서

🇰🇷	🇺🇸
좌석을 눕혀도 됩니까?	May I recline my seat? 메이 아이 리크라인 마이 씨-트?
저기 빈자리로 옮겨도 됩니까?	Could I move to an emty seat over there? 쿠다이 무브 투 언 앰티 씻 오버 데얼?
일행과 함께 앉고 싶어요.	I'd like to sit next to the people I'm traveling with. 아이드 라익 투 씻 넥스트 투 더 피플 아임 트레블링 윗.
안전벨트를 매 주십시오.	Please, fasten your seat belt. 플리즈, 패슨 유어 씻 벨트.

シートを倒しても いいですか。 시-또오 타오시떼모 이-데스까?	wǒ kě yǐ fàngdǎozuò yǐ 我可以放倒座椅 ma 吗? 워 커이 팡따오 쪼어이 마?
向こうの空いている席に移動しても良いですか。 무꼬-노 아이떼이루 세끼니 이도-시떼모 이-데스까?	wǒ néngbāndào nà biān de 我能搬到那边的 kòngwèi zhi shàng ma 空位置上吗? 워 넝 빤따오 나뻬엔 더 콩웨이즈 샹 마?
一行といっしょに座りたいんですが。 잇꼬-또 잇쇼니 스와리따인데스가.	wǒ xiǎng hé yì qǐ lái de 我想和一起来的 rénzuòzài yì qǐ 人坐在一起。 워 샹 허 이치 라이 더 런 쪼어 짜이 이치.
シートベルトをお締めください。 시-또 베루또오 오시메 쿠다사이.	qǐng jì hǎo ān quándài 请系好安全带。 칭 지하오 안췐따이.

기내에서

좌석에서

02 요청하기

물[콜라]을 주세요.	Water[Coke], please. 워-터-[코우크] 플리-즈.
식사는 언제 나와요?	When will meals be served? 웬 윌 밀스 비 서브드?
닭고기로 주세요.	Chicken. Please. 치킨 플리즈.
포크가 떨어졌어요. 하나 더 주세요.	I dropped my fork. Could I have another one? 아이 드랍드 마이 포크 쿠다 이 햅 어너더 원?

the Louvre Museum

루브르 박물관
프랑스 (FRANCE)

기내에서 / 요청하기

🇯🇵	🇨🇳
水[コーラ]をください。 미즈[코-라]오 쿠다사이.	请给我水。 qǐng gěi wǒ shuǐ 칭 게이 워 쉐이.
食事は、いつ出るんですか。 쇼꾸지와 이쯔 테룬데스까?	什么时候吃饭？ shén me shí hou chī fàn 션머스호우 츠 판?
チキンください。 치킨 쿠다사이.	请给我鸡肉。 qǐng gěi wǒ jī ròu 칭 게이 워 지로우.
フォークが落ちてしまいました。もう一つください。 훠-쿠가 오치떼 시마이마시따 모- 히토쯔 쿠다사이.	叉子掉在地上了，请再给我一个。 chā zi diào zài dì shàng le, qǐng zài gěi wǒ yí ge 차즈 띠우 짜이 띠샹 러, 칭 짜이 게이 워 이 거.

→ PART 02
기내에서

약을 좀 주세요.	Please give me some pills. 플리-즈 기브 미- 썸 필즈.
한국어 신문 있습니까?	Do you have a Korean newspaper? 두 유- 해브 어 코리언 뉴-스페이퍼-?
담요 주세요.	May I have a blanket? 메이 아이 해버 블랭킷?
이 헤드폰이 고장입니다.	This headset doesn't work. 디스 헤드셋 더즌 워크.

🇯🇵	🇨🇳
なに くすり 何か薬をください。 나니까 쿠스리오 쿠다사이.	qǐng gěi wǒ yì diǎn ér yào 请给我一点儿药。 칭 게이 워 이디알 야오.
かんこく ご しんぶん 韓国語の新聞はあ りますか。 캉꼬꾸고노 신붕와 아리마스까?	yǒu hán yǔ de bào zhǐ ma 有韩语的报纸吗? 요우 한위 더 바오즐 마?
もうふ 毛布をください。 모-후오 쿠다사이.	qǐng gěi wǒ tǎn zi 请给我毯子。 칭 게이 워 탄즈.
このヘッドホンは こしょう 故障です。 코노 헷도혼와 코쇼-데스.	zhè ge ěr jī shì huài 这个耳机是坏 de 的。 쩌 거 얼지 슬 화이 더.

기내에서

요청하기

67

03
승무원에게

이 양식은 어떻게 작성합니까?	Please show me how to fill in this form. 플리즈 쇼우 미 하우 투 필 인 디스 폼?
입국 신고서 한 장 더 주세요.	Can I have one more arrival card? 캔 아이 햅 원 모어 어라이벌 카드?
기내에서 면세품을 판매합니까?	Do you sell tax-free goods on board? 두 유 셀 택스프리- 굳스 온 보-드?
화장품을 구입하고 싶은데요.	I'd like to buy cosmetics. 아잇 라익 투 바이 코즈메틱스.

Osaka Castle

오사카성
일본 (JAPAN)

기내에서 승무원에게

🇯🇵	🇨🇳
この書類の書き方を教えてください。 코노 쇼루이노 카끼가따오 오시에떼 쿠다사이?	zhè ge biǎo zěn me tián 这个表怎么填? 쩌 거 비아오 쩐머 티엔?
入国カードをもう1枚ください。 뉴-코꾸카-도오 모- 이치마이 쿠다사이.	qǐng zài gěi wǒ yì zhāng rù jìng dēng jì kǎ 请再给我一张入境登记卡。 칭 짜이 게이 워 이장 루징덩 지카.
免税品の機內販売をしていますか。 멘제이힝노 키나이함바이오 시떼이마스까?	fēi jī lǐ mài miǎn shuì shāng pǐn ma 飞机里卖免税商品吗? 페이지 리 마이 미엔쉬이 샹 핀 마?
化粧品を買いたいんですが。 케쇼-힝오 카이따인데스가.	wǒ xiǎng mǎi huà zhuāng pǐn 我想买化妆品。 워 샹 마이 화주앙핀.

→ PART 02
기내에서

지금 어디를 날고 있습니까?	Where are we flying over now? 웨어 아- 위- 플라인 오버 나우?
이 공항에서 얼마나 머뭅니까?	How long will we stop here? 하우 롱 윌 위- 스톱 히어?
지금 바깥 날씨는 어때요?	What is the weather like outside? 와리즈 더 웨더 라익 아웃사이드?
이 공항에서 쇼핑할 수 있나요?	Can we do some shopping in this airport? 캔 위 두 썸 쇼핑 인 디스 에어포-옷?

기내에서 승무원에게

いま 今どの辺を飛んでいますか。 이마 도노헨오 톤데 이마스까?	xiànzài wǒ men fēi jīng nǎ lǐ? 现在我们飞经哪里? 시엔짜이 워먼 페이 징 나리?
くうこう この空港にはどのくらい止まりますか。 코노 쿠-꼬-니와 도노꾸라이 토마리마스까?	yào zài zhè ge fēi jī chǎng tíng liú duō jiǔ? 要在这个飞机场停留多久? 야오 짜이 쩌 거 페이지창 팅 리우 뚜어 지우?
そと てんき いま、外の天気はどうですか。 이마 소또노 텐끼와 도-데스까?	xiànzài wàimiàn de tiān qì zěn me yàng? 现在外面的天气怎么样? 시엔짜이 와이미엔 더 티엔치 전머양?
くうこう か もの この空港で買い物ができますか。 코노 쿠-꼬-데 카이모노가 데끼마스까?	ké yǐ zài zhè ge fēi jī chǎng gòu wù ma? 可以在这个飞机场购物吗? 커이 짜이 쩌 거 페이지창 고우우 마?

알아두면 유용한 관련단어

🇰🇷	🇺🇸
구명조끼	**life vest** 라이프 베스트
남자 승무원	**steward** 스튜어드
비상구	**emergency exit** 이머-전시- 엑지트
비즈니스석	**business class** 비즈니스 클래스
산소마스크	**oxygen mask** 악시전 마스크
스튜어디스	**cabin attendant** 캐빈어탠던트
식사용 테이블	**tray-table** 트레이테이블
안전벨트 착용	**FASTEN SEAT BELT** 파-쓴 씨-트 벨트
이어폰	**earphones** 이어포운즈
일반석	**economy class** 이코노미 클래스
잡지	**magazine** 매거진-
화장실	**lavatory** 래버토리-
화장품	**cosmetics** 카즈메틱스

🇯🇵	🇨🇳
きゅうめいどうい **救命胴衣** 큐-메-도-이	jiù shēng yī **救生衣** 지우셩이
スチュワード 스츄와-도	nán chéng wù yuán **男乘务员** 난 청우위엔
ひじょうぐち **非常口** 히죠-구찌	jǐn jí chū kǒu **紧急出口** 징지 추크오
ビジネスクラス 비지네스쿠라스	shāng wù cāng **商务舱** 샹우창
さんそ **酸素マスク** 산소마스쿠	yǎng qì miànzhào **氧气面罩** 양치 미엔쟈오
スチュワーデス 스츄와-데스	kōng jiě **空姐** 콩지에
お **折りたたみテーブル** 오리타따미테-부루	cān zhuō **餐桌** 찬조어
ちゃくよう **シートベルト着用** 시-또베루또 쨔꾸요-	ān quán dài **安全带** 안췐다이
イヤホーン 이야호온	ěr jī **耳机** 얼지
エコノミークラス 에코노미-쿠라스	jīng jì cāng **经济舱** 징지창
ざっし **雑誌** 잣시	zá zhì **杂志** 자즐
トイレ 토이레	wèi shēng jiān **卫生间** 웨이셩지엔
け しょうひん **化粧品** 게쇼-힝	huà zhuāng pǐn **化妆品** 화쭈왕핀

73

part 3

공항
airport

01	입국 절차
02	세관 통과
03	환전소
04	관광 안내소
05	시내로 이동

공항 가이드

★ 입국 심사

공항에 도착하면 'ARRIVAL'이라는 표시를 따라간다. 비행기에서 내린 사람들이 가는 방향으로 따라가면 된다. 입국심사 장소가 외국인(Alien)과 내국인으로 나뉘어져 있으므로 당연히 외국인 쪽에 서야 한다.

여권, 왕복 항공권과 함께 출입국 기록 카드를 입국 심사대에 제출하면 출입국 기록 카드의 반을 잘라 여권에 붙여서 돌려준다. 때로는 입국 목적, 체류 기간 등을 묻기도 하는데 간단한 영어이기 때문에 긴장하지 말고 또박또박 천천히 설명하면 된다.

★ 짐 찾기

입국 심사가 끝나면 'Baggage Claim'을 따라 자신이 탑승했던 항공회사와 비행기 번호가 표시되어 있는 컨베이어 벨트에서 짐을 찾는다. 똑같은 모양의 가방들이 많아서 자칫 짐이 바뀌거나 분실되는 경우도 있으므로 처음부터 독특한 가방을 구입하거나 아니면 가방에 손수건을 묶어놓거나 여러 가지 장식을 하는 등 자신만이 알아볼 수 있는 표시를 해 두면 손쉽게 찾을 수 있다.

분실했을 경우를 대비하여 탑승수속 카운터에서 짐을 맡길 때 수하물표(Baggage Tag)의 내용이 정확한지 확인하고, 가방 안에 명함이나 연락처를 남겨 놓는 것도 좋은 방법이다.

★ 항공 수하물 분실 시 대처법

짐을 찾지 못하면 해당 항공사 데스크에 탑승권과 수하물표를 보여 주며 도움을 요청하고 경유나 환승 시에는 마지막 탑승 항공사에 수하물 사고보고서(Property lrregularity Report)를 작성하여 제출한다.

수하물 사고보고서는 짐을 분실했다는 증빙이자 수하물 보상의 근거 자료로 쓰이므로 수하물의 크기와 색깔, 모양 등 최대한 자세하게 적는다. 그런데 뜻밖의 일을 당하면 당황하기 마련이어서 제대로 기억이 안 나는 경우가 있으므로 짐을 부치기 전에 휴대전화나 디지털카메라로 가방 사진을 찍어 남기면 훨씬 더 효과적으로 쓰인다.

여행지에서 짐을 분실한 경우에는 수하물지연보상금(OPE : Out of Pocket Expenses, 현금지불경비)이라고 해서 위탁수하물의 경우 1kg당 미화 20달러를 기준으로 보상되는데 승객이 요구해야 지급이 된다.

짐을 찾은 다음에는 마지막으로 세관 카운터로 가서 신고할 물건이 있으면 세관 신고서를 직원에게 제출한다. 비상용으로 가지고 가는 구급약은 마약 등으로 의심을 받을 수 있으므로 의사나 약사의 처방전을 받아두는 것이 좋다.

01 입국 절차

🇰🇷	🇺🇸
관광객입니다.	**I'm a tourist.** 아임 어 투어리스트.
얼마나 머무십니까?	**How long are you staying?** 하우 롱 아 유 스테잉?
어디에 머무십니까?	**Where are you staying?** 웨어라 유 스테잉?
4일 머무를 예정입니다.	**I plan to stay 4 days.** 아이 플랜 투 스테이 포 데이즈.

미리보는 여행지

the Great Wall of China

만리장성
중국 (CHINA)

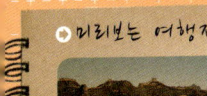

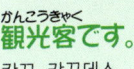

かんこうきゃく
観光客です。
캉꼬-캬꾸데스.

wǒ shì yóu kè
我是游客。
워 슬 요우커.

なんにちかん たいざい
何日間の滞在ですか。
난니찌깡노 타이자이데스까?

yào dāi duō cháng shí jiān
要呆多长时间?
야오다이 뚜어창 스찌엔?

たいざい
どこに滞在しますか。
도꼬니 타이자이시마스까?

zhù zài nǎ lǐ
住在哪里?
쭈 짜이 나리?

よっかかん たいざい よてい
4日間、滞在の予定です。
욕까깐 타이자이노 요떼-데스.

wǒ jì huà tíng liú tiān
我计划停留4天。
워 지화 팅리우 쓰 티엔.

공항

입국 절차

→ PART 03
공항

🇰🇷	🇺🇸
그랜드 호텔에 머무를 겁니다.	I'll stay at the Grand Hotel. 아일 스테이 앳 더 그랜드호텔.
이게 첫 방문입니다.	This is my first visit. 디스 이즈 마이 퍼스트 비짓.
아시아나 항공으로 도착했습니다.	I arrived on Asiana flight. 아이 어라이브드 온 애시아나 플라이트.
단체 여행입니까?	Are you a member of group tour? 알 유어 멤버럽 그룹 투어?

공항

입국 절차

グランドホテルに泊まります。 구란도호테루니 토마리마스.	wǒ zhùzài fàn diàn 我住在Grand饭店。 워 쭈 짜이 그랜드 판디엔.
初めての訪問です。 하지메떼노 호-몬데스.	zhè shì dì yī cì lái 这是第一次来。 쩌슬 띠이츠 라이.
アシアナ便で着きました。 아시아나 빙데 쯔끼마시따.	wǒ zuò de shì yà zhōuháng kōnggōng sī de fēi jī 我坐的是亚洲航空公司的飞机。 워 쭈어 더 슬 야조우 항콩꽁쓰 더 페이지.
団体旅行ですか。 단따이료꼬-데스까?	nǐ gēn lǚ yóutuán yì qǐ lái de ma 你跟旅游团一起来的吗? 니 껀 뤼요우투안 이치 라이 더 마?

02 세관 통과

신고할 것은 없습니다.	I have nothing to declare. 아이 해브 나씽 투 디클레어.
이것은 친구에게 줄 선물입니다.	This is a gift for my friend. 디스 이저 깁트 포 마이 프렌드.
전부 일상적인 소지품입니다.	These are all my personal effects. 디-즈 아- 올-마이 퍼-스널 이펙츠.
보관증을 보여주시겠어요?	May I have a receipt? 메이 아이 해브 어 리씨-트?

미리보는 여행지

Sydney Opera House

시드니 오페라 하우스
호주 (Australia)

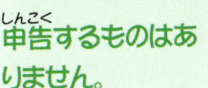

공항

세관 통과

申告するものはありません。

싱꼬꾸스루 모노와 아리마셍.

没有要申报的东西。

메이요우 야오 션빠오 더 동시.

これは友人にあげるプレゼントです。

코레와 유-진니 아게루 푸레젠토데스.

这是给朋友的礼物。

쪄 슬 게이 펑요우 더 리우.

全部身のまわり品です。

젬부 미노마와리힝데스.

全部是日常私人物品。

첸부 슬 르창 쓰런 우핀.

その預り証をください。

소노 아즈까리쇼-오 쿠다사이.

请给我看一下保管单，好吗?

칭 게이 워 칸이샤 바오관단, 하오마?

83

→ PART 03
공항

	🇺🇸
이 카메라는 제가 사용하는 것입니다.	This camera is for my personal use. 디스 캐머러 이즈 퍼 마이 퍼스널 유-스.
짐은 어디서 찾습니까?	Where can I get my baggage? 웨얼 캔 아이 겟 마이 배기쥐?
제 짐이 보이지 않습니다.	I can't find my baggage. 아이 캔트 퐈인 마이 배기지.
내용물은 무엇입니까?	What's in it? 왓츠 이 닛?

공항 — 세관 통과

🇯🇵	🇨🇳
このカメラはわたしが使っているものです。 코노 카메라와 와따시가 쯔깟떼이루 모노데스.	zhàoxiàng jī shì wǒ zì jǐ yòng de 照相机是我自己用的。 짜오샹지 슬 워 쯔지 용 더.
手荷物はどこで受け取りますか。 테니모쯔와 도꼬데 우께또리마스까?	xíng li zài nǎ lǐ qǔ 行李在哪里取? 싱리 짜이 나리 취?
私の手荷物が見つかりません。 와따시노 테니모쯔가 미쯔까리마셍.	zhǎo bù zhao wǒ de xíng li 找不着我的行李。 자오뿌자오 워 더 싱리.
中身は何ですか。 나까미와 난데스까?	lǐ biān yǒu shén me dōng xi 里边有什么东西? 리삐엔 요우 션머 똥시?

03 환전소

🇰🇷	🇺🇸
환전소는 어디입니까?	Where can I change money? 웨어 캔 아이 체인지 머니-?
환전해 주세요.	I'd like to change. 아이드 라익 투 체인지.
은행은 몇 시까지 합니까?	How late is the bank open? 하우 레잇 이즈 더 뱅크 오픈?
이 여행자 수표를 현금으로 바꿔 주세요.	I'd like to cash this traveler's check. 아이드 라익 투 캐쉬 디스 트래블러즈 체크.

미리보는 여행지

The Taj Mahal

타지마할
인도 (INDIA)

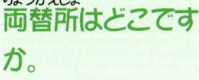

공항 — 환전소

りょうがえじょ
両替所はどこですか。
료-가에죠와 도꼬데스까?

huànqiánguì tái zài nǎ lǐ
换钱柜台在哪里?
환치엔 꾸이타이 짜이 나리?

りょうがえ　　くだ
両替して下さい。
료-가에 시떼 쿠다사이.

qǐngbāng wǒ huàn yí xiàqián
请帮我换一下钱?
칭 빵 워 환 이샤 치엔?

ぎんこう　　なんじ
銀行は何時までやっていますか。
깅꼬-와 난지마데 얏떼이마스까?

yínháng jǐ diǎnguānmén
银行几点关门?
인항 지디엔 관 머은?

このトラベラーズチ
げんきん
ェックを現金にして下さい。
코노 토라베라-즈첵꾸오 겡낀니 시떼 쿠다사이.

qǐng bǎ zhèzhāng lǚ xíngzhī
请把这张旅行支
piàohuànchéngxiànjīn
票换成现金。
칭 바 쩌 짱 루싱지피아오 환 청 시엔진.

→ PART 03
공항

이것을 잔돈으로 바꿀 수 있습니까?	Can you break this into small money? 캐뉴 브레익 디즈 인투 스몰 머니?
이 나라의 동전을 종류대로 넣어 주세요.	I'd like coins of all sizes, please. 아이드 라익 코인즈 어브 올 사이짓 플리즈.
지금 환율은 얼마나 됩니까?	What is the current exchange rate? 왓 이즈 더 커런트 익스체인지 레잇?
수수료는 얼마입니까?	What rate of commission do you charge? 왓 레잇톱 커미션 두 유 차쥐?

🇯🇵	🇨🇳
これを<ruby>小錢<rt>こぜに</rt></ruby>に変えたいですか。 코레오 코제니 카에따이데스까?	wǒ yào huàn língqián 我要換零錢？ 워 야오 환 링치엔?
この<ruby>国<rt>くに</rt></ruby>のコインを<ruby>全種類<rt>ぜんしゅるい</rt></ruby>いれてください。 코노 쿠니노 코잉오 젠슈루이 이레떼 쿠다사이.	qǐng bǎ zhè ge guójiā de yìng bì àn zhàozhǒng lèi fàng jìnlái 请把这个国家的硬币按照种类放进来。 칭 바 쩌거 구어지아 더 잉삐 안쟈오 종레이 퐝진라이.
いま、<ruby>為替<rt>かわせ</rt></ruby>レートはいくらですか。 이마 카와세 레-토와 이꾸라데스까?	xiànzài de huìlǜ shì duōshao 现在的汇率是多少？ 센짜이 더 후이뤼 스 뚜어사오?
<ruby>手数料<rt>てすうりょう</rt></ruby>はいくらですか。 테스-료-와 이꾸라데스까?	shǒuxù fèi shì duōshǎo 手续费是多少？ 셔우쉬페이 스 뚜어샤오?

공항

환전소

관광 안내소

여행 안내소는 어디입니까?	**Where is the tourist information office?** 웨어리즈 더 투어리슷 인퍼메이션 오피스?
표는 어디서 삽니까?	**Where can I buy a ticket?** 웨어 캔 아이 바이 어 티켓?
버스[택시] 타는 곳은 어디죠?	**Where can I catch the bus [a taxi]?** 웨어 캔 아이 캐취 더 버스 [어 택시-]?
시내로 가는 버스가 있나요?	**Is there a bus to downtown?** 이즈 데어 러 버스 투 다운타운?

Wieliczka Salt Mine

비에리치카 소금광산
폴란드 (POLAND)

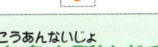

🇯🇵	🇨🇳

かんこうあんないじょ
観光案内所はどこですか。
캉꼬- 안나이죠와 도꼬데스까?

lǚ xíng zī xún chù zài nǎ lǐ
旅行咨询处在哪里?
류싱지쉰추 짜이 나리?

きっぷ か
切符はどこで買いますか。
킵뿌와 도꼬데 카이마스까?

zài nǎ lǐ mǎi piào
在哪里买票?
짜이 나리 마이 피아오?

の
バス[タクシー]乗り場はどこですか。
바스[타꾸시-]노리바와 도꼬데스까?

zài nǎ lǐ zuò gōnggòng qì chē chū zū chē
在哪里坐公共汽车(出租车)?
짜이 나리 쭈어 꽁공치쳐(추주쳐)?

しない い
市内へ行くバスはありますか。
시나이에 이꾸 바스와 아리마스까?

yǒu qù shì nèi de gōnggòng qì chē ma
有去市内的公共汽车吗?
요 취 슬내이 더 공공치쳐 마?

공항

관광 안내소

91

→ PART 03
공항

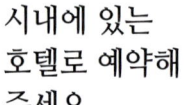

🇰🇷	🇺🇸
시내에 있는 호텔로 예약해 주세요.	**I'd like to reserve a hotel room in the city.** 아이드 라익 투 리저-브 어 호텔 룸 인 더 씨티-.
호텔까지 어떻게 갑니까?	**How could I get to the hotel?** 하우 쿠다이 겟 투 더 호텔?
여기서 걸어갈 수 있습니까?	**Can I walk down there?** 캔 아이 웍 다운 데얼?
출구가 어디죠?	**Where's the exit?** 웨어즈 더 엑짓?

공항 관광 안내소

市内のホテルを予約して下さい。 시나이노 호테루오 요야꾸시떼 쿠다사이.	qǐng yù dìng shì nèi de fàn diàn **请预订市内的饭店。** 칭 위딩 슬내이 더 판디엔.
ホテルまでどう行きますか。 호테루마데 도-이끼마스까?	zěn me qù fàndiàn **怎么去饭店？** 젼머 취 판디엔?
ここから歩いて行けますか。 코꼬까라 아루이떼 이께마스까?	kě yǐ zǒuzhe qù ma **可以走着去吗？** 커이 조우저 취 마?
出口はどこですか？ 데쿠찌와 도꼬데스까?	chūkǒuzài nǎ lǐ **出口在哪里？** 추코우 짜이 나리?

05 시내로 이동

🇰🇷	🇺🇸
이 버스는 타임호텔에 섭니까?	Does this bus go to the Time Hotel? 더즈 디스 버스 고우 투 더 타임호텔?
호텔로 가는 공항버스는 어디서 타나요?	Where can I take an airport bus to Hotel? 웨어 캔 아이 테익 언 에어포트 버스 투 호텔?
이 짐을 택시 승강장까지 운반해 주세요.	Please take this baggage to the taxi stand. 플리-즈 테익 디스 배기지 투 더 택시 스탠.
이곳으로 가 주세요. (택시를 탔을 때)	To this place, please. 투 디스 플레이스 플리-즈.

○미리보는 여행지

Venice

베니스
이탈리아 (ITALY)

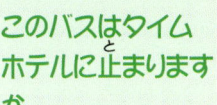

공항 — 시내로 이동

🇯🇵	🇨🇳
このバスはタイムホテルに止まりますか。 코노 바스와 타이무호테루니 토마리마스까?	zhè ge gōnggòng qì chē zài Time fàndiàntíng ma 这个公共汽车在Time饭店停吗? 쪄 거 꽁공치쳐 짜이 타임 판디엔 팅 마?
ホテルで行きの空港バスはどこで乗りますか。 호테루데 유끼노 쿠-꼬- 바스와 도꼬데 노리마스까?	qù fàn diàn de jī chǎng bā shì zài nǎ lǐ zuò 去饭店的机场巴士在哪里坐? 취 판디엔 더 지창바스 짜이 나리 쪼어?
この荷物をタクシー乗り場まで運んでください。 코노 니모쯔오 타꾸시-노리바마데 하꼰데 쿠다사이.	qǐng bǎ zhè jiàn xíng li yùn dào chū zū chē zhàn tái 请把这件行李运到出租车站台。 칭 바 쪄지엔 싱리 윈 따오 츄주쳐잔타이.
ここへ行ってください。 코꼬에 잇떼 쿠다사이.	wǒ yào qù zhè ge dì fang 我要去这个地方。 워 야오 취 쪄거 디팡.

95

→ PART 03
공항

거기 가려면 뭘 타야 하나요.	How can I get there? 하우 컨 아이 겟 데어?
다음 버스는 몇 시입니까?	When is the next bus? 웬 이즈 더 넥스트 버스?
어느 버스가 시내로 가나요?	Which bus goes to down town? 위치 버스 고우즈 투 다운 타운?
도착하면 알려 주세요.	Tell me when we arrive there. 텔 미 웬 위 어롸입 데어.

そこへ行くには何を乗ればいいですか。 소꼬에 이꾸니와 나니오 노레바 이-데스까?	qù nà lǐ de huà, yào zuò shén me 去那里的话，要坐什么? 취 나리 더화, 야오 쪼어 션머?
次のバスはいつですか。 쯔기노 바스와 이쯔데스까?	xià yì bān gōnggòng qì chē shì jǐ diǎn 下一班公共汽车是几点? 시이빤 꽁공치쳐 슬 지디엔?
どんなバスが市内に行くんですか。 돈나 바스가 시나이니 이꾼데스까?	shén me chē dào shì nèi 什么车到市内? 션-머 쳐 따오 슬-네이?
着いたら知らせてもらえますか。 쯔이따라 시라세떼 모라에마스까?	dào le, qǐnggào sù wǒ 到了，请告诉我。 따오르 칭 까오쑤워.

공항

시내로 이동

알아두면 유용한 관련단어

국내선	**domestic service** 더메스틱 서-비스
국적	**nationality** 내셔널리티-
국제선	**international service** 인터내셔널 서-비스
면세점	**duty-free shop** 듀-티 프리-샵
면세품	**tax-free article** 택스프리- 아-티클
비자	**visa** 비-저
생년월일	**date of birth** 데이트 어브 버-쓰
서명	**signature** 씨너츄어-
성별	**sex** 섹스
세관	**customs** 커스텀즈
세관신고서	**customs declaration card** 커스텀스 데클러레이션 카드
시간표	**timetable** 타임테이블
여권	**passport** 패스포-트

🇯🇵	🇨🇳
こくないせん **国内線** 코꾸나이센	guó nèi xiàn **国内线** 구어내이시엔
こくせき **国籍** 코꾸세끼	guó jí **国籍** 구어지
こくさいせん **国際線** 코꾸사이센	guó jì xiàn **国际线** 구어지시엔
めんぜいてん **免税店** 멘제−뗀	miǎnshuì diàn **免税店** 미엔쉬이디엔
めんぜいひん **免税品** 멘제−힝	miǎnshuì shāng pǐn **免税商品** 미엔쉬이 샹핀
さしょう **査証** 사쇼−	qiānzhèng **签证** 치엔정
せいねんがっぴ **生年月日** 세−넨갑삐	chū shēng nián yuè **出生年月** 추셩 니엔위에
しょめい **署名** 쇼메이	qiānmíng **签名** 치엔밍
せいべつ **性別** 세−베쯔	xìng bié **性别** 싱비에
ぜいかん **税関** 제−깐	shuì guān **税关** 쉬이관
ぜいかんしんこくしょ **税関申告書** 제−깡신꼬꾸쇼	bào guān dān **报关单** 빠오꽌딴
じこくひょう **時刻表** 지꼬꾸효−	shí jiānbiǎo **时间表** 슬지엔 비아오
りょけん **旅券** 료껜	hù zhào **护照** 후자오

알아두면 유용한 관련단어

🇰🇷	🇺🇸
여권번호	**passport number** 패스포-트 넘버-
여행자 수표	**traveler's cheek** 트래블러스 체크
연령	**age** 에이지
예방접종증명서	**health card** 헬스 카-드
직업	**occupation** 아큐페이션
좌석번호	**seat number** 씨-트 넘버-
출발지	**port of departure** 포-트 어브 디파츄어
출입국카드	**disembarkation card** 디셈바케이션 카드
탑승권	**boarding pass** 보-딩 패스
팁	**tip** 팁
항공권	**airline ticket** 에어라인 티켓
화장실	**toilet** 터일렛

りょけんばんごう **旅券番号** 료껜방고	hù zhào hào mǎ **护照号码** 후자오 하오마
トラベラーズチェック 토라베라-즈쳌꾸	lǚ xíng zhī piào **旅行支票** 류싱 지피아오
ねんれい **年齢** 넨레이	nián líng **年龄** 니엔링
よぼうせつしゅしょうめいしょ **予防接種証明書** 요보-셋슈 쇼-메-쇼	yì miáo jiē zhòng zhèng míng **疫苗接种证明** 이미아오지에종정밍
しょくぎょう **職業** 쇼꾸교-	zhí yè **职业** 즈예
ざせきばんごう **座席番号** 자세끼 방고-	zuò wèi hào **座位号** 쭈어웨이 하오
しゅっぱつち **出発地** 슙빠쯔찌	chū fā dì **出发地** 추파디
しゅつにゅうこく **出入国カード** 슈쯔뉴-꼬꾸카-도	chū rù jìng kǎ **出入境卡** 추루찡카
とうじょうけん **搭乗券** 토-죠-껜	dēng jī pái **登机牌** 떵지파이
チップ 칩뿌	xiǎo fèi **小费** 샤오페이
こうくうけん **航空券** 코-꾸-껜	fēi jī piào **飞机票** 페이지 피아오
トイレ 토이레	wèi shēng jiān **卫生间** 웨이셩찌엔

part 4

호텔

hotel

01	체크인
02	안내
03	서비스맨에게
04	불편한 점이 있을 때
05	식사
06	세탁
07	체크아웃

숙박 가이드

여행을 하게 되면 가장 먼저 비행기표와 잠자리부터 걱정하게 되는데, 이 두 가지만 해결돼도 상당한 부담감을 줄일 수 있다.

숙박시설은 호텔, 리조트, 풀 빌라, 게스트하우스 등 다양한 형태가 있지만 배낭 여행자는 보통 게스트하우스, 단기 여행이라면 호텔, 가족 여행일 경우는 리조트, 연인이나 신혼 부부는 풀 빌라(수영장이 딸린 빌라)를 선호한다. 이 중에서 가장 보편적으로 많이 사용하는 곳이 바로 호텔이다.

★ 예약은 필수!

호텔은 여행을 떠나기 전에 한국에서 인터넷으로 미리 예약을 해두는 것이 좋다. 요금뿐만 아니라 현지에서는 번거롭고 또 방을 구하기 어려울 경우도 있기 때문이다.

호텔은 등급에 따라 시설이 달라지는데, 별 1개부터 별 5개까지 매우 다양하다. 보통은 중저가의 별 2개 호텔을 많이 이용하지만 일정이 짧고 다소 여유가 있다면 3~4개짜리 호텔도 많이 이용한다. 그러나 같은 등급의 호텔이라도 시설에 차이가 있으므로 잘 살펴보고 선택하는 것이 좋다.

★ 체크인

호텔 체크인은 보통 오후 2시 이후에 이루어지며, 늦어도 오후 8~9시에 마감된다. 늦게 도착할 경우 호텔에 미리 연락을 취해야 취소되는 일이 없다. 체크인 방법은 프런트에 여권이나 예약확인서를 보여

주고 숙박카드에 숙박일자, 이름 등을 확인한 다음 여권번호와 연락처 등을 작성하면 된다.

★ 팁

체크인하고 나면 벨보이들이 방까지 짐을 옮겨주는데 이때는 1~2달러를 준다. 외국에서는 서비스를 받았다면 그에 대한 대가로 팁을 지불하는 것은 당연한 일이다.

팁 문화는 생활 전반에 걸쳐 보편화되어 있는데, 개인적으로 주문(룸서비스의 경우) 또는 시설을 이용할 때(택시를 탈 경우, 레스토랑 이용 시) 발생되는 비용의 10~15% 정도를 팁으로 추가 지불하는 것이 상례이다. 이외에도 객실 청소나 도어맨이 택시를 잡아줄 경우에도 1~2달러를 주는 게 일반적이다.

★ 체크아웃

체크아웃은 보통 11시~12시까지다. 이보다 늦게 체크아웃을 할 경우에는 추가 요금을 지불하게 된다. 만약 시간이 많이 남는다면 호텔에 짐을 맡기고 주변을 둘러보는 것도 좋다.

※ 일본의 전통 숙소인 료칸

료칸은 일본 고유의 숙박 시설로 일본식 여관을 말한다. 다다미가 깔린 일본식 방에 온천이 딸려 있는 형태로, 대부분 아침식사와 저녁식사는 숙박비에 포함된다. 그러나 저렴한 료칸의 경우 숙박비만 계산하는 곳도 있다.

01
체크인

🇰🇷	🇺🇸
서울에서 예약했습니다.	**I made a reservation in Seoul.** 아이 메이드 어 레저베이션 인 서울.
1인실로 하고 싶은데요.	**I'd like a room for one.** 아이드 라이크 어 룸- 퍼 원.
1박에 얼마입니까?	**What is the rate?** 왓 이즈 더 레이트?
좀 더 싼 방은 없습니까?	**Is there anything cheaper?** 이즈 데어 애니씽 취-퍼?

Ryokan Hanamura

하나무라 료칸
일본 (JAPAN)

ソウルで予約しました。 소우르데 요야꾸시마시따.	wǒ zài shǒu ěr yùdìng de 我在首尔预订的。 워 짜이 쇼우얼 위딩 더.
一人部屋にしたいです。 히토리베야니 시따이데스.	wǒ xiǎng zhù dān rén jiān 我想住单人间。 워 샹 쭈 단런지엔.
一泊はいくらですか。 입빠꾸와 이꾸라데스까?	yì tiān duōshǎo qián 一天多少钱? 이 티엔 뚜어샤오첸?
もっと安い部屋はありませんか。 못또 야스이 헤야와 아리마셍까?	méiyǒu piányi diǎnér de fángjiān ma 没有便宜点儿的房间吗? 메이 요우 피엔이 디알 더 퐝지엔 마?

호텔

체크인

→ PART 04
호텔

요금은 아침 식사도 포함된 것입니까?	Is breakfast included? 이즈 브렉퍼스트 인클루-딧?
체크아웃은 몇 시입니까?	When is check-out time? 웬 이즈 체크-아웃 타임?
바다가 보이는 방을 주세요.	I'd like a room facing the sea. 아이드 라이커 룸 페이싱 더 씨.
침대 하나 추가해 주세요.	I'd like to request an extra bed. 아이드 라익 투 리퀘스트 언 엑스트라 베드.

🇯🇵	🇨🇳
りょうきん ちょうしょく つ **料金は朝食付きですか。** 료-낀와 쵸-쇼꾸쯔끼데스까?	zhè ge fèiyong hán zǎocān ma **这个费用含早餐吗?** 쩌 거 페이용 한 자오찬 마?
チェックアウトタイムは何時ですか。 첵꾸아우또 타이무와 난지데스까?	tuì fáng shí jiān dào jǐ diǎn **退房时间到几点?** 투이팡 슬지엔 따오 지디엔?
うみ み へ や **海が見える部屋にしてください。** 우미가 미에루 헤야니 시떼 쿠다사이.	qǐng gěi wǒ kě yǐ kàndào hǎi jǐng de fáng jiān **请给我可以看到海景的房间。** 칭 게이 워 커이 칸따오 하이징 더 퐝지엔.
つい **ベッドをひとつ、追加してください。** 벳도오 히토쯔 츠이까시떼 쿠다사이.	qǐng jiā zhāng chuáng **请加张床。** 칭 찌아 짱 추앙.

호텔

체크인

02 안내

식당은 어디에 있습니까?	**Where is the dining room?** 웨어리즈 더 다이닝 룸-?
식당은 몇 시에 엽니까?	**What time does the dining room open?** 왓 타임 더즈 더 다이닝 룸- 오픈?
방에서 아침식사를 할 수 있습니까?	**Can I have breakfast in my room?** 캔 아이 해브 브렉퍼스트 인 마이 룸-?
아침 식사 주문할 수 있습니까?	**Can I order breakfast?** 캔 아이 오더 브렉퍼스트?

Las Vegas

라스베이거스
미국 (UNITED STATES OF AMERICA)

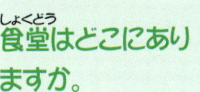

🇯🇵	🇨🇳
しょくどう 食堂はどこにありますか。 쇼꾸도-와 도꼬니 아리마스까?	fàntīng zài nǎ lǐ 饭厅在哪里? 판팅 짜이 나리?
しょくどう いつ ひら 食堂は何時開きますか。 쇼꾸도-와 이쯔 히라끼마스까?	fàntīng shén me shí hòu kāi mén 饭厅什么时候开门? 판팅 션머 슬호우 카이 먼?
ちょうしょく へ や 朝食は部屋でとれますか。 쵸-쇼꾸와 헤야데 토레마스까?	ké yǐ zài fáng jiān lǐ chī zǎo fàn ma 可以在房间里吃早饭吗? 커이 짜이 팡지엔 리 츨 자오 판 마?
ちょうしょく ちゅうもん 朝食の注文できますか。 쵸-쇼꾸노 츄-몬데끼마스까?	wǒ ké yǐ dìng zǎo cān ma 我可以订早餐吗? 워 커이 딩 자오찬 마?

호텔 안내

111

→ PART 04
호텔

수영장은 몇 층에 있습니까?	What floor is the swimming pool? 왓 플로어 이즈 더 스위밍 풀?
이 짐을 보관해 줄 수 있습니까?	Can you keep this baggage for me? 캔 유 킵- 디스 배기지 퍼-미-?
맡긴 짐을 찾고 싶은데요.	May I have my baggage back? 메이 아이 해브 마이 배기지 백?
미용실[이발소]은 있습니까?	Is there a beauty salon[barber]? 이즈 데어 어 뷰-티 살란 [바-버]?

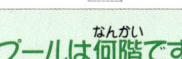

プールは何階ですか。 푸-루와 난까이데스까?	游泳池在几楼? 요용츠 짜이 지 로우?
この荷物を預ってもらえますか。 코노 니모쯔오 아즈깟떼 모라에마스까?	可以帮我保管一下这件行李吗? 커이 빵 워 바오관 이샤 쩌 지엔 싱리 마?
預けた荷物をもらいたい。 아즈께따 니모쯔오 모라이따이.	我来拿保管在这里的行李。 워 라이 나 바오관 짜이 처리 더 싱리.
美容院[理髪店]はありますか。 비요-인[리하쯔뗀]와 아리마스까?	有理发店吗? 요우 리퐈디엔 마?

호텔 안내

→ PART 04
호텔

귀중품을 맡아 주시겠습니까?	Can I check my valuables with you. 캔 아이 첵 마이 벨류어블즈 위드 유?
룸에서 국제전화를 할 수 있습니까?	Can I make international calls from my room? 캔 아이 메익 인터내셔널 콜즈 프럼 마이 룸?
공항까지 택시로 얼마나 걸립니까? (시간)	How long does it take to go to the airport by taxi? 하우 롱 더즈 잇 테이크 투 고우 투 디 에어포-트 바이 택시?
제게 온 메시지가 있습니까?	Is there any message for me? 이즈 데어 애니 메시지 포 미?

🇯🇵	🇨🇳
きちょうひん あず 貴重品を預ってもらえますか。 키쬬-힝오 아즈깟떼 모라에마스까?	néng bāng wǒ bǎoguǎn yí xià guì zhòng wù pǐn ma 能帮我保管一下贵重物品吗? 넝 방 워 바오관 이샤 꾸이 종우핀 마?
へ や こくさいでん わ 部屋から国際電話、かけられますか。 헤야까라 코꾸사이덴와 카께라레마스까?	fáng jiān lǐ ké yǐ dǎ guó jì cháng tú ma 房间里可以打国际长途吗? 팡지엔 리 커이 다 구어지창 투 마?
くうこう なんぷん 空港までタクシーで何分くらいですか。 쿠-꼬-마데 타꾸시-데 남뿐꾸라이데스까?	zuò chū zū chē dào fēi jī chǎng yào duō cháng shí jiān 坐出租车到飞机场要多长时间? 쭈어 추추처 따오 페이지창 야오 뚜어창슬지엔?
わたし あ 私宛てのメッセージはありますか。 와타시 아떼노 멧세-지와 아리마스까?	yǒu méi yǒu gěi wǒ de xìn xī 有没有给我的信息? 요우 메이요우 게이 워더 신 시?

호텔 안내

03 서비스맨에게

🇰🇷	🇺🇸
잠깐만 기다려 주세요.	Just a moment. 저스터 모우먼트.
들어오세요.	Come in. 컴 인.
와인 한 병 갖다 주세요.	Please bring me a bottle of wine. 플리즈 브링 미- 어 바틀 어브 와인.
얼음과 물을 갖다 주세요.	Please bring me some ice and water. 플리즈 브링 미 썸 아이스 앤드 워터.

Archaeological Site of Delphi

델피 고고유적지
그리스 (GREECE)

🇯🇵	🇨🇳
ちょっと待ってください。 춋또 맛떼 쿠다사이.	qǐng shāo děng yí xià 请稍等一下。 칭 샤오덩이샤.
お入りください。 오하이리 쿠다사이.	qǐng jìn 请进。 칭진.
ワイン1瓶を持ってきてください。 와인 히토빙오 못떼키떼 쿠다사이.	qǐng gěi wǒ yì píng pú tao jiǔ 请给我一瓶葡萄酒。 칭 게이 워 이핑 푸타오지우.
氷と水を持ってきてください。 코-리또 미즈오 못떼 키떼 쿠다사이.	qǐng gěi wǒ bīng kuài hé shuǐ 请给我冰块和水。 칭 게이 워 빙콸 허 쉐이.

호텔

서비스맨에게

→ PART 04
호텔

수건을 더 주세요.	Could I have more towels? 쿠다이 햅 모어 타월즈?
방 청소를 해 주세요.	Please make up this room. 플리-즈 메이컵 디스 룸-.
내일 아침 6시에 깨워 주세요.	I'd like a wake-up call tomorrow at 6 a.m. 아이드 라이커 웨이컵 콜- 터머로우 엣 씩스 에이엠.
깨우지 마세요. (문에 걸어두는 문구)	Please don't disturb. 플리-즈 도운트 디스터-브.

タオルをもう少^{すこ}しください。 타오루오 모- 스꼬시 쿠다사이.	qǐng zài gěi wǒ diǎn ér máo jīn 请再给我点儿毛巾。 칭 짜이 게이 워 디알 마오진.
部屋^{へや}を掃除^{そうじ}してください。 헤야오 소-지시떼 쿠다사이.	qǐng dǎ sǎo yí xià fáng jiān 请打扫一下房间。 칭 다사오 이샤 퐝지엔.
明朝^{みょうあさ}6時^{ろくじ}に起^おこしてください。 묘-아사 로꾸지니 오꼬시떼 쿠다사이.	míng tiān zǎo shang liù diǎn qǐng jiào xǐng wǒ 明天早上6点请叫醒我。 밍티엔 자오샹 리우디엔 칭 찌아오 싱 워.
起^おこさないでください。 오꼬사나이데 쿠다사이.	qǐng wù dá rǎo 请勿打扰。 칭 우 다 라오.

호텔

서비스맨에게

04 불편한 점이 있을 때

방을 바꾸고 싶어요.	**I'd like to change my room.** 아이드 라이크 투 체인지 마이 룸-.
이 방은 시끄러워요.	**This room is noisy.** 디스 룸- 이즈 노이지-.
뜨거운 물이 안 나와요.	**There's no hot running water.** 데어즈 노우 핫 러닝 워-터-.
비누가 없어요.	**There's no soap.** 데어즈 노우 소우프.

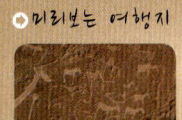

Twyfelfontein

트위펠폰테인 암각화 지대
나미비아 (NAMIBIA)

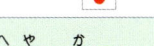

部屋を変えたいです。 헤야오 카에따이데스.	我想换房间。 wǒ xiǎnghuànfángjiān 워 샹 환 팡지엔.
この部屋はうるさい。 코노 헤야와 우루사이.	这个房间太吵了。 zhè ge fángjiāntàichǎo le 쩌 거 팡지엔 타이 챠오 러.
お湯がでないです。 오유가 데나이데스.	没有热水。 méiyǒu rè shuǐ 메이요우 러 쉐이.
石けんがないです。 섹껜가 나이데스.	没有肥皂。 méiyǒuféizào 메이요우 페이자오.

호텔 — 불편한 점이 있을 때

121

→ PART 04
호텔

🇰🇷	🇺🇸
방번호를 잊어버렸습니다.	**I forgot my room number.** 아이 풔갓 마이 룸 넘버.
방에다 열쇠를 두었어요.	**I left my key in my room.** 아이 레프트 마이 키- 인 마이 룸-.
열쇠가 잠겨 방에 들어갈 수 없습니다.	**I locked myself out.** 아이 락트 마이셀프 아웃.
주문한 아침식사가 안 왔어요.	**I'm still waiting for the breakfast I ordered.** 아임 스틸 웨이팅 퍼- 더 브렉퍼스트 아이 오-더-드.

🇯🇵	🇨🇳
部屋の番号を忘れました。 헤야노 방고-오 와스레마시따.	我忘记我的房间号码了。 wǒ wàng jì wǒ de fángjiān hào mǎ le 워 왕찌 워 더 팡지엔 하오마 러.
部屋に鍵を置き忘れた。 헤야니 카기오 오끼와스레따.	我把钥匙落在房间里了。 wǒ bǎ yàoshi là zài fáng jiān lǐ le 워 바 야오슬 라짜이 팡지엔 리 러.
鍵がかかって部屋に入れないんです。 카기가 카깐떼 헤야니 하이레나인데스.	我不能进我的房间。 wǒ bù néng jìn wǒ de fáng jiān 워 뿌넝 찐 워 더 팡지엔.
頼んだ朝食がまだきません。 타논다 쵸-쇼꾸가 마다 키마셴.	我要的早饭还没来。 wǒ yào de zǎofàn hái méi lái 워 야오 더 쟈오판 하이 메이 라이.

호텔

불편한 점이 있을 때

→ PART 04
호텔

화장실에 물이 안 나와요.	The toilet doesn't flush. 더 토일렛 더즌트 플러쉬.
텔레비전이 안 나와요.	The TV doesn't work. 더 티-비- 더즌트 워-크.
방 청소가 아직 안 되었습니다.	My room hasn't been cleaned yet. 마이 룸 해즌트 빈 클린드 옛.
하여튼 보이를 보내 주세요.	Anyway please send someone up. 에니웨이 플리-즈 센드 썸원 업.

🇯🇵	🇨🇳
トイレの水が流れないです。 토이레노 미즈가 나가레나이데스.	卫生间里没有水。 웨이성지엔 리 메이요우 쉐이.
テレビがつかないです。 테레비가 쯔까나이데스.	电视机坏了。 디엔슬지 화이러.
部屋がまだ掃除されていません。 헤야가 마다 소-지사레떼이마셍.	我的房间没有打扫。 워 더 팡지엔 메이요우 다사오.
とにかくボーイを一人よこしてください。 토니까꾸 보-이오 히토리 요꼬시떼 쿠다사이.	不管怎么样，让服务生来一下。 부관전머양, 랑 푸우셩 라이 샤.

호텔 — 불편한 점이 있을 때

05 식사

🇰🇷	🇺🇸
아침 식사는 어디서 해요?	**Where is breakfast served?** 웨어 이즈 브렉퍼스트 서브드?
7시에 갖다 주세요.	**I'd like it at 7, please.** 아이드 라이킷 엣 세븐 플리-즈.
내일 아침 식사를 부탁합니다.	**I'd like to order breakfast for tomorrow.** 아이드 라익 투 오-더 브렉퍼스트 퍼 터마로우.
주문해도 되나요?	**I'm ready to order.** 아임 레디 투 오-더.

미리보는 여행지

Robben Island

로벤섬
남아프리카공화국 (SOUTH AFRICA)

🇯🇵	🇨🇳
ちょうしょく **朝食はどこでするんですか。** 초-쇼꾸와 도꼬데 스룬데스까?	zǎocān zài nǎ ér chī **早餐在哪儿吃?** 짜오찬 짜이 나얼 츠?
しちじ　ねが **7時にお願いします。** 시찌지니 오네가이시마스.	qǐng 7 diǎn zhōng gěi wǒ sòng lái **请7点钟给我送来。** 칭 치디엔종 게이 워 송 라이.
あした ちょうしょく **明日の朝食をオーダーしたい。** 아시따노 쵸-쇼꾸오 오-다- 시따이.	wǒ yào dìng míngtiān de zǎo fàn **我要订明天的早饭。** 워 야오 딩 밍티엔 더 자오 판.
ちゅうもん **注文してもいいですか。** 츄-몬시떼모 이-데스까?	kě yǐ diǎn cān ma **可以点餐吗?** 커이 디엔찬 마?

호텔

식사

→ PART 04
호텔

저도 같은 것으로 주세요.	I'll have the same. 아일 햅 더 쎄임.
주문을 변경해도 될까요?	Can I change my order? 컨 아이 체인쥐 마이 오더?
이건 어떻게 먹나요?	How do I eat this? 하우 두 아이 잇 디스?
뭐가 빨리 됩니까?	What can you serve quickly? 왓 캔 유 서브 퀵클리?

128

<ruby>同<rt>おな</rt></ruby>じものを<ruby>下<rt>くだ</rt></ruby>さい。 오나지 모노오 쿠다사이.	wǒ yě yào yí yàng de 我也要一样的。 워 예 야오 이양더.
<ruby>注文<rt>ちゅうもん</rt></ruby>を<ruby>替<rt>か</rt></ruby>えてもいいですか。 츄-몬오 카에테모 이-데스까?	nénggǎi yí xiàdiǎndān ma 能改一下点单吗? 넝 카이이샤 디엔단 마?
これはどう<ruby>食<rt>た</rt></ruby>べますか。 코레와 도- 타베마스까?	zhè ge zěn me chī 这个怎么吃? 쩌 거 전머 츨?
<ruby>何<rt>なに</rt></ruby>が<ruby>早<rt>はや</rt></ruby>くできますか? 나니가 하야꾸 데끼마스까?	shén me bǐ jiàokuài 什么比较快? 션머 비찌아오 콰이?

호텔

식사

129

세탁

🇰🇷	🇺🇸
세탁을 부탁합니다.	**I have some laundry.** 아이 해브 썸 란-드리.
언제 다 됩니까?	**When will it be ready?** 웬 윌 잇 비 레디?
오늘 밤까지 될까요?	**Can I have them back by evening?** 캔 아이 해브 뎀 백 바이 이브닝?
다림질해 주세요.	**Please have this pressed.** 플리-즈 해브 디스 프레스트.

Schokland and Surroundings

쇼클란트와 그 주변지역
네덜란드 (NETHERLANDS)

🇯🇵	🇨🇳
クリーニングを頼みます。 쿠리-닝구오 타노미마스.	wǒ yǒuyào xǐ de yī fu 我有要洗的衣服。 워 요우 야오 시 더 이푸.
いつしあがりますか。 이쯔 시아가리마스까?	shén me shí hòu néng xǐ hǎo 什么时候能洗好? 션머슬호우 넝 시하오?
今夜までなりましょうか。 공야마데 나리마쇼-까?	jīn tiān zhī nèi kě yǐ ma 今天之内可以吗? 찐티엔 쯔네이 커이 마?
これにアイロンをかけてください。 코레니 아이롱오 카께떼 쿠다사이.	qǐng bāng wǒ tàng yí xià 请帮我烫一下。 칭 빵 워 탕이시아.

호텔

세탁

131

→ PART 04
호텔

얼룩을 빼 주세요.	Please remove the stains. 플리-즈 리무-브 더 스테인즈.
이 옷을 드라이클리닝해 주세요.	I want these clothes dry-cleaned. 아이 원트 디즈 클로시즈 드라이클린드.
옷 길이 좀 줄여 주세요.	Please have my dress shortened. 플리즈 해브 마이 드레쓰 쇼튼드.
세탁비는 얼마인가요?	What's the charge for cleaning? 왓츠 더 차쥐 풔 클리닝?

🇯🇵	🇨🇳
しみ抜きをしてください。 시미누끼오 시떼 쿠다사이.	qǐngbāng wǒ xǐ diàozhè ge wū jì 请帮我洗掉这个污迹。 칭 빵 워 시띠아오 쩌거우지.
この服をドライクリーニングしてください。 코노 후꾸오 도라이쿠리닝구 시떼 쿠다사이.	zhèjiàn yī fu qǐnggān xǐ 这件衣服请干洗。 쩌 지엔 이푸 칭 간시.
着丈をちょっと減らしてください。 키타께오 춋또 헤라시떼 쿠다사이.	bǎ xiàbǎigǎiduǎn yì xiē 把下摆改短一些。 바시아빠이 까이 뚜안이시에.
洗濯費はいくらでしょうか。 센타꾸히와 이꾸라데쇼-까?	xǐ yī fèishì duōshǎo 洗衣费是多少? 시이페이 스뚜어샤오?

호텔

세탁

체크아웃

지금 체크아웃 하겠습니다.	**I'm checking out.** 아임 체킹 아우트.
포터를 보내, 짐을 내려 주세요.	**Please send someone for my baggage.** 플리-즈 센드 썸 원 퍼- 마이 배기지.
청구서를 부탁합니다.	**My bill, please.** 마이 빌 플리-즈.
이 호텔 체류가 좋았습니다.	**I've enjoyed my stay.** 아이브 인조이드 마이 스테이.

Kathmandu Valley

카트만두 계곡
네팔 (NEPAL)

🇯🇵	🇨🇳
いま 今、チェックアウトします。 이마 첵꾸아우또 시마스.	wǒ yào tuì fáng 我要退房。 워 야오 투이팡.
ボーイをよこして荷物をおろしてください。 보-이오 요꼬시떼 니모쯔오 오로시떼 쿠다사이.	qǐng ràng rén bǎ wǒ de xíng li ná xià lái 请让人把我的行李拿下来。 칭 랑 런 바 워더 싱리 나시아라이.
かいけい ねが 会計をお願いします。 카이께-오 오네가이시마스.	qǐng bǎ zhàngdān gěi wǒ 请把帐单给我。 칭 바 쭈앙단 게이 워.
このホテルはよかったですよ。 코노 호테루와 요깟따데스요.	wǒ zài zhè lǐ zhù dé hěn hǎo 我在这里住得很好。 워 짜이 쩌리 쭈 더 헌하오.

호텔

체크아웃

→ PART 04
호텔

맡긴 귀중품을 돌려주세요.	I'd like my valuables back. 아이드 라이크 마이 벨루어블즈 백.
여행자 수표를 받나요?	Do you take traveler's checks? 두 유- 테이크 트래블러-즈 첵스?
출발할 때까지 짐을 맡아 주시겠습니까?	Could you keep my baggage until my departure time? 쿠쥬 킵 마이 배기쥐 언틸 마이 디파춰 타임?
택시를 불러 주세요.	Please call a taxi for me. 플리-즈 콜- 어 택시 퍼- 미-.

4개 국어 여행회화

預けた貴重品をもらいたいです。 아즈께따 키쬬-힝오 모라이따이데스.	qǐng bǎ bǎoguǎn zài zhè lǐ de guì zhòng wù pǐn gěi wǒ 请把保管在这里的贵重物品给我。 칭 바 바오관 짜이 쩌리 더 꾸이종 우핀 게이 워.
トラベラーズチェックは受け取りますか。 토라베라-즈 첵꾸와 우께토리마스까?	lǚ xíng zhī piào ké yǐ ma 旅行支票可以吗? 류싱즐피아오 커이 마?
出発まで荷物を預かってもらえますか。 슙빠쯔마데 니모쯔오 아즈깐떼 모라에마스까?	chū fā zhī qián néng bǎoguǎn wǒ de xíng lǐ ma 出发之前能保管我的行李吗? 추파 쯔치엔 넝 바오관 워 더 싱리 마?
タクシーを呼んでください。 타꾸시-오 욘데 쿠다사이.	qǐng bāng wǒ jiào liàng chū zū chē 请帮我叫辆出租车。 칭 빵 워 찌아오 량 츄주쳐.

호텔

체크아웃

알아두면 유용한 관련단어

🇰🇷	🇺🇸
계단	stairway 스테어웨이
계란 반숙/완숙	soft-boiled [hard boiled] 소프트 보일드[하드 보일드]
계란 프라이	fried egg [sunny side up] 프라이드 에그[서니-사이드 업]
모닝콜	walk-up call 웨이컵 콜
모텔	motel 모우텔
비상구	emergency exit 이머전시 엑지트
서비스맨	door man 도어맨
숙박요금	room rate 룸 레잇
숙박카드	registration card 레지스트레이션 카-드
스낵 바	snack bar 스낵 바-
식당	dining room 다이닝 룸-
싱글 (침대 하나인 방)	single 씽글
엘리베이터	elevator 엘리베이터-

🇯🇵	🇨🇳
かいだん 階段 카이당	lóu tī 楼梯 로우티
はんじゅくかた 半熟[固ゆで] 한쥬쿠[카따유데]	bàn shú de jī dàn / quán shú de jī dàn 半熟的鸡蛋/全熟的鸡蛋 반슈 더 지단/췐슈 더 지단
たまごやき 卵焼き[めだまやき] 타마고야끼[메다마야끼]	jiān dàn 煎蛋 지엔단
モーニング・コール 모-닝구 코-루	jiàoxǐng fú wù 叫醒服务 찌아오싱 푸우
モーテル 모-테루	lǚ guǎn 旅馆 류관
ひじょうぐち 非常口 히죠-구찌	jǐn jí chū kǒu 紧急出口 진지 추코우
ドアマン 도아만	fú wù yuán 服务员 푸우위엔
しゅくはくりょうきん 宿泊料金 슈꾸하꾸료-낑	zhù sù fèi 住宿费 쭈쑤페이
しゅくはく 宿泊カード 슈꾸하꾸 카-도	fáng kǎ 房卡 팡카
スナック バー 스낙쿠 바-	xiǎo mài bù 小卖部 샤오마이부
しょくどう 食堂 쇼꾸도-	fàn tīng 饭厅 퐌팅
ひとりべや 1人部屋 히또리베야	dān rén jiān 单人间 단런지엔
エレベーター 에레베-타-	diàn tī 电梯 디엔티

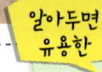

알아두면 유용한 관련단어

🇰🇷	🇺🇸
예약	reservation 레저베이션
오렌지 주스	orange juice 오-린지 쥬-스
접수	registration 레지스트레이션
지배인	manager 매니저-
지하	basement 베이스먼트
찐 계란	steamed egg 스팀-드 에그
청구서	bill / invoice 빌/인보이스
치약	toothpaste 투-쓰 페이스트
칫솔	toothbrush 투-쓰 브러쉬
커피 (프림을 넣음)	coffee with milk 커피 위드 밀크
커피숍	coffee shop 커피- 샵
토스트	toast 토우스트
트윈 (침대가 둘인 방)	twin 트윈

🇯🇵	🇨🇳
よやく **予約** 요야꾸	yù dìng **预定** 위딩
オレンジ・ジュース 오렌지 쥬-스	chéng zhī **橙汁** 청즐
うけつけ **受付** 우께쯔께	dēng jì **登记** 덩지
しはいにん **支配人** 시하이닌	jīng lǐ **经理** 징리
ちか **地下** 치까	dì xià **地下** 띠시아
ゆでたまご 유데타마고	zhēng dàn **蒸蛋** 쩡단
せいきゅうしょ **請求書** 세이뀨-쇼	qīng dān **清单** 칭딴
はみがきこ **歯磨き粉** 하미가끼꼬	yá gāo **牙膏** 야가오
は **歯ブラシ** 하부라시	yá shuā **牙刷** 야 슈아
コーヒーミルク付き 코-히-미루꾸쯔끼	kā fēi fàng kā fēi bàn lǚ de **咖啡(放咖啡伴侣的)** 카페이(꽝 카페이반뤼 더)
コーヒー ショップ 코-히- 숍뿌	kā fēi tīng **咖啡厅** 카페이팅
トースト 토-스또	kǎo miàn bāo piàn **烤面包片** 카오미엔바오피엔
ふたりべや **2人部屋** 후타리베야	shuāng rén jiān **双人间** 슈앙런지엔

part 5

교통
transportation

01 길을 물을 때
02 택시를 이용할 때
03 버스를 이용할 때
04 지하철을 이용할 때
05 열차를 이용할 때
06 렌터카를 이용할 때
07 선박을 이용할 때
08 화장실

교통 가이드

★ 항공기

요즘은 국내는 물론 외국을 여행할 경우 널리 애용되고 있는 것이 항공편이다. 요금이 부담될지 몰라도 신속하고 효율적인 수송 능력과 탁월한 서비스 기능에 의해 누구나 만족을 느끼게 된다.

★ 지하철

해외여행을 하다 보면 여러 가지 교통수단을 이용하게 되는데 그중에 가장 쉽게 이용할 수 있는 것이 바로 지하철이다. 다른 교통수단에 비해 운행구간 파악이 쉽고 정시에 목적지에 도착한다는 것이 장점으로 지하철이 종횡으로 발달되어 있는 파리, 런던, 뉴욕 같은 곳에서는 노선표만 가지고 다니면 초행길이라도 충분히 이용할 수 있다.

★ 기차

안전하고 여유 있는 여행을 즐기려면 가장 낭만이 있는 수단이 철도 여행이다. 왜냐하면 요금이 싼데다가 각국의 다양한 풍경, 문화, 기후, 인종 등을 한꺼번에 누릴 수 있기 때문이다. 최근에 유럽 여행객이 가장 널리 애용하는 교통수단으로, 예약을 통해 훨씬 저렴한 비용으로 여행을 즐길 수 있다.

유럽의 여러 나라를 여행할 계획이라면 유레일패스가 효과적이지만 한 나라에 머물 예정이라면 그 나라의 패스를 이용하는 게 좋다.

일본의 경우는 JR패스가 가장 유명하며, 지역에 따

라 간사이쓰루패스, 킨테츠레일패스 등 다양한 패스가 있다. 중국에서도 기차노선이 잘 연결되어 있고 시속 500km를 넘나드는 초고속 열차도 있다.

★ 버스

미국이나 유럽에서 버스는 시내뿐만 아니라 장거리 여행에 경제적인 교통수단이 되고 있으며, 작은 마을 곳곳까지 연결되기 때문에 주변 여행지를 둘러볼 때 유용하다.

그러나 초보 여행자들은 버스 운행 노선을 파악하기 어렵고 의사소통에 어려움을 겪기 때문에 버스 이용에 상당한 부담을 느끼는 것이 사실이다.

★ 택시

외국을 여행할 때 초행일 경우 택시를 주로 이용하는 경향이 있는데, 시간적인 제약을 받는 경우라면 가장 손쉬운 교통수단이기는 하나 외국인 관광객에게는 팁으로 10~15달러를 요구하므로 유의해야 한다.

※ 동남아 지역의 오토바이 택시

인도나 동남아 지역에서 눈에 띄는 교통수단으로 오토바이 택시를 들 수 있는데, 나라에 따라 툭툭, 오토릭샤 등으로 다양하게 불린다.

택시보다 저렴한 가격에 이용할 수 있지만 현지 물정에 어두운 여행자의 경우 오히려 사기를 당할 수 있다.

01 길을 물을 때

여기가 어디입니까?	**Where are we now?** 웨어 아- 위- 나우?
얼마나 걸립니까? (시간)	**How long does it take?** 하우 롱 더즈 잇 테이크?
이 근처에 우체국이 있습니까?	**Is there a post office near here?** 이즈 데어 어 포스트 오피스 니어 히어?
여기에서 가깝습니까?	**Is it near here?** 이짓 니어 히얼?

Urnes Stave Church

우르네스 목조교회
노르웨이 (NORWAY)

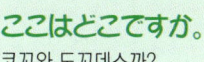

ここはどこですか。
코꼬와 도꼬데스까?

zhè shì nǎ li
这是哪里?
쩌 슬 나리?

どのくらいかかりますか。
도노쿠라이 카까리마스까?

yào duō cháng shí jiān
要多长时间?
야오 두어창 슬지엔?

この近くに郵便局がありますか。
코노 치까꾸니 유-빙쿄꾸가 아리마스까?

fù jìn yǒu yóu jú ma
附近有邮局吗?
푸지엔 요우 요주 마?

ここから近いのですか。
코꼬까라 치까이노데스까?

lí zhè er jìn ma
离这儿近吗?
리 쩔 찐 마?

교통

길을 물을 때

147

→ PART 05
교통

그 백화점 가는 길을 알려 주시겠어요?	How can I get to the department store? 하우 캔 아이 겟 투 더 디팟먼트 스토어?
저 건물은 무엇입니까?	What is that building? 왓 이즈 댓 빌딩?
여기에 약도를 그려 주세요.	Please draw a map here. 플리-즈 드로- 어 맵 히어.
직진해야 합니까?	Should I go straight? 슈다이 고우 스트레이트?

そのデパートへ行く道を教えて下さい。 소노 데파-또에 이꾸미찌오 오시에떼 쿠다사이.	可以告诉我怎么去那个百货商店吗? 커이 까오수 워 전머 취 나거 바이호어상디엔 마?
あの建物は何ですか。 아노 타떼모노와 난데스까?	那个楼是什么地方? 나거 로우 슬 션머 디팡?
ここに略図を書いてください。 코꼬니 랴꾸즈오 카이떼 쿠다사이.	请在这里帮我画张简图。 칭 짜이 쩌리 빵 워 화장 지엔투.
まっすぐ行くのですか。 맛스그 이꾸노데스까?	要直走吗? 야오 즐 조우 마?

교통

길을 물을 때

02 택시를 이용할 때

택시를 불러 주세요.	**Please call a taxi for me.** 플리-즈 콜- 어 택시- 퍼 미.
택시 정류장은 어디입니까?	**Where is the taxi stand?** 웨어리즈 더 택시- 스탠?
택시!	**Taxi!** 택시!
트렁크를 열어 주시겠어요?	**Would you open the trunk?** 우쥬 오픈 더 트렁크?

Tongariro National Park

통가리로 국립공원
뉴질랜드 (NEW ZEALAND)

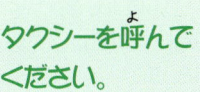

タクシーを呼んでください。 타꾸시-오 욘데 쿠다사이.	qǐng bāng wǒ jiào liàng chū zū chē 请帮我叫辆出租车。 칭 빵 워 찌아오 량 츄주처.
タクシー乗り場はどこですか。 타꾸시- 노리바와 도꼬데스까?	chū zū chē zhàn zài nǎ lǐ 出租车站在哪里? 츄주처잔 짜이 나리?
タクシー! 다꾸시-!	chū zū chē 出租车! 추쭈처!
トランクを開けてください。 도랑꾸오 아께떼 쿠다사이.	qǐng nín kāi yí xià hòu bèi xiāng 请您开一下后备箱。 칭 닌 카이 이샤 호우뻬이샹.

교통

택시를 이용할 때

→ PART 05
교통

여기서 세워 주세요.	Stop here, please. 스톱 히어 플리-즈.
여기서 잠깐 기다려 주세요.	Wait here a moment please. 웨잇 히어러 모우먼 플리-즈.
이 주소로 가 주세요.	To this address please. 투 디스 어드레스 플리-즈.
잔돈은 가지세요.	Keep the change. 킵- 더 체인지.

ここで止めてください。 코꼬데 토메떼 쿠다사이.	qǐng tíng zài zhè lǐ 请停在这里。 칭 팅 짜이 쩌리.
ここでちょっと待っていてください。 코꼬데 춋또 맛떼 이떼 쿠다사이.	qǐng zài zhè lǐ děng yí huì ér 请在这里等一会儿。 칭 짜이 쩌리 덩이휠.
この住所へ行ってください。 코노 츄-쇼에 잇떼 쿠다사이.	wǒ yào qù zhè ge dì fang 我要去这个地方。 워 야오 취 쩌거 디팡.
つり銭はとっておいて。 쯔리센와 톳떼 오이떼.	líng qián bú yòng zhǎo le 零钱不用找了。 링치엔 부용 자오 러.

교통

택시를 이용할 때

153

→ PART 05
교통

프린스 호텔까지 얼마입니까?	How much is it to the Prince Hotel? 하우 머취 이짓 투 더 프린스 호텔?
비타민 호텔에서 내려 주시겠습니까?	Can I get off at the Vitamin Hotel? 캔 아이 겟 오프 앳 더 비타민 호텔?
우리 모두 타도 됩니까?	Can we all get in the car? 캔 위 올 게린 더 카?
서둘러 주시겠어요?	Could you please hurry? 쿠쥬 플리즈 허리?

4개 국어 여행회화

🇯🇵	🇨🇳
プリンスホテルまでいくらですか。 프린스 호테루마데 이꾸라데스까?	dào fàndiàn duōshǎo qián 到Prince饭店多少钱? 따오 프린스 판디엔 뚜어샤오 치엔?
ビタミンホテルで降ろしてもらえますか。 비타민호테루데 오로시떼모라에마스까?	ké yǐ zài fàn diàn ràng wǒ xià chē ma 可以在Vitamin饭店让我下车吗? 커이 짜이 비타민 판디엔 랑 워 시아처 마?
我々みんな乗ってもいいですか。 와레와레 민나 놋떼모 이-데스까?	wǒ men ké yǐ dōu shàng ma 我们可以都上吗? 워먼 커이 또우 샹 마?
急いでいただけますか。 이소이데 이따다께마스까?	qǐng kuài yì diǎn 请快一点。 칭 콰이 이디엔?

교통

택시를 이용할 때

03 버스를 이용할 때

이 버스는 시청까지 갑니까?	**Does this bus go to the city hall?** 더즈 디스 버스 고우 투 더 시티홀?
다음 정거장에서 내립니다.	**I get off at the next stop.** 아이 겟 오프 엣 더 넥스트 스톱.
여기서 내려요.	**I'll get off here.** 아일 겟 오프 히얼.
직통버스는 이 정거장에 정차합니까?	**Do express bus stop at this station?** 두 익스프레스 버스 스탑 앳 디스 스테이션?

León Cathedral

레온 대성당
니카라과 (NICARAGUA)

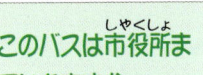

このバスは市役所 までいきますか。 코노 바스와 시야꾸쇼마데 이끼마스까?	zhè ge chē qù shì zhèng fǔ 这个车去市政府 ma 吗? 쩌거쳐 취 스정푸 마?
つぎの停留場でお ります。 츠기노 테-류-죠-데 오리마스.	xià yí zhàn xià chē 下一站下车。 시아이잔 시아쳐.
ここで降ります。 고꼬데 오리마스.	wǒ zài zhè er xià chē 我在这儿下车。 워 짜이 쩔 샤쳐.
ノンストップバス はこの停留所にと まりますか。 논스토프 바스와 코노 테-류-죠-니 토마리마스까?	zhí dá chē zhè yí zhàn tíng 直达车 这一站 停 ma 吗? 쯔다처 쩌이잔 팅 마?

교통

버스를 이용할 때

→ PART 05
교통

중앙 박물관에 가려면 어디서 내려야 합니까?	Where should I get off for the Central Museum? 웨어 슈다이 겟 오프 포 더 쎈트럴 뮤지엄?
도착하면 알려주세요.	Tell me when we arrive there. 텔 미 웬 위 어롸입 데어.
매표소는 어디에 있습니까?	Where is the ticket office? 웨어리즈 더 티킷 어퓌스?
어느 버스를 타면 됩니까?	Which bus do I get on? 위치 버스 두 아이 게론?

4개국어 여행회화

🇯🇵	🇨🇳

ちゅうおうはくぶつかん
中央博物館に行く
には、どこで降りれ
ばいいですか。
추-오-하꾸부쯔깐니 이꾸니와 도꼬데 오리레바 이-데스까?

qù zhōng yāng bó wù guǎn
去中央博物馆
yào zài nǎ er xià chē
要在哪儿下车?
취 쭝양보우관 야오 짜이 나알 시아처?

着いたら知らせて
もらえますか。
츠이따라 시라세떼 모라에마스까?

dào le qǐng gào sù wǒ
到了，请告訴我。
따오러, 칭 까오쑤워.

チケット売り場はど
こですか。
치껫또우리바와 도꼬데스까?

shòu piào chù zài nǎ er
售票处在哪儿?
쇼우피아오추 짜이 날?

どのバスに乗れば
いいですか。
도노 바스니 노레바 이-데스까?

wǒ yào zuò nǎ ge gōng gòng
我要做哪个公共
qì chē
汽车?
워 야오 쭈어 나거 꽁꽁치처?

교통

버스를 이용할 때

159

04 지하철을 이용할 때

여기서 가까운 지하철역은 어디입니까?	**Where is the nearest subway station?** 웨어리즈 더 니어리스트 섭웨이 스테이션?
표는 어디서 삽니까?	**Where can I buy a ticket?** 웨얼 캔 아이 바이 어 티킷?
지하철 노선도를 주시겠습니까?	**May I have a subway map?** 메아이 해버 섭웨이 맵?
자동 매표기는 어디에 있습니까?	**Where is the ticket machine?** 웨어리즈 더 티킷 머쉰?

◎미리보는 여행지

Ilulissat Icefjord

일룰리사트 얼음피오르드
덴마크 (DENMARK)

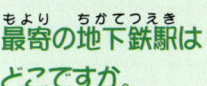

もよりの地下鉄駅はどこですか。
모요리노 치까테쯔에끼와 도꼬데스까?

lí zhè lǐ zuì jìn de dì tiě zhàn zài nǎ lǐ?
离这里最近的地铁站在哪里?
리 쩌리 쭈이진 더 디티에잔 짜이 나리?

切符はどこで買えますか。
깁뿌와 도꼬데 카에마스까?

piào zài nǎ ér mǎi
票在哪儿买?
피아오 짜이 날 마이?

地下鉄の路線図をください。
치까떼쯔노 로센즈오 쿠다사이.

qǐng gěi wǒ dì tiě lù xiàn tú
请给我地铁路线图。
칭 게이 워 띠티에 루씨엔투.

切符販売機はどこですか。
깁뿌함바이끼와 도꼬데스까?

zì dòng shòu piào jī zài nǎ ér?
自动售票机在哪儿?
쯔똥 쇼우피아오찌 짜이 날?

교통 — 지하철을 이용할 때

→ PART 05
교통

🇰🇷	🇺🇸
갈아타야 합니까?	Must I transfer? 머스트 아이 트랜스퍼-?
어느 역에서 환승합니까?	At what station do I transfer? 엣 왓 스테이션 두 아이 트랜스퍼-?
표를 잃어버렸습니다.	I lost my ticket. 아이 로슷 마이 티켓.
지하철에 가방을 두고 내렸습니다.	I left my bag in a subway. 아이 랩트 마이 백 이너 섭웨이.

<ruby>乗<rt>の</rt></ruby>り<ruby>換<rt>か</rt></ruby>えはありますか。 노리까에와 아리마스까?	yàohuànchē ma 要换车吗? 야오 환쳐 마?
どの<ruby>駅<rt>えき</rt></ruby>で<ruby>乗<rt>の</rt></ruby>り<ruby>換<rt>か</rt></ruby>えるのですか。 도노 에끼데 노리까에루노데스까?	zài nǎ yí zhànhuànchē 在哪一站换车? 짜이 나이잔 환 쳐?
<ruby>切符<rt>きっぷ</rt></ruby>をなくしました。 깁뿌오 나꾸시마시따.	wǒ diū le chēpiào 我丢了车票。 워 띠우 러 쳐피아오.
<ruby>地下鉄<rt>ちかてつ</rt></ruby>にかばんを<ruby>忘<rt>わす</rt></ruby>れました。 치까떼쯔니 가방오 와스레마시따.	wǒ bǎ tí bāoliúzài dì tiě lǐ le 我把提包留在地铁里了。 워 바 티빠오 리우 짜이 띠티에 리러.

교통 — 지하철을 이용할 때

열차를 이용할 때

시카고에 가는 열차는 어느 역에서 출발합니까?	What station does the train for Chicago leave from? 왓 스테이션 더즈 더 트레인 퍼 시카고 리-브 프럼?
급행열차가 있나요?	Is there an express? 이즈 데어 언 익스프레스?
이 열차의 좌석을 예매하고 싶은데요.	I'd like to reserve a seat on this train. 아이드 라익 투 리저-브 어 시-트 온 디스 트레인.
침대차가 있습니까?	Is there a sleeper? 이즈 데어러 슬리-퍼-?

Colonial City of Santo Domingo

산토 도밍고 식민도시
도미니카 공화국

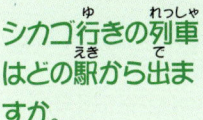

シカゴ行きの列車はどの駅から出ますか。

시카고 유끼노 렛샤와 도노 에끼까라 데마스까?

去Chicago的车从哪一站出发?

취 시카고 더 처 총 나이 찬 추파?

急行列車はありますか。

큐-꼬- 렛샤와 아리마스까?

有快车吗?

요우 콰이처 마?

この列車の座席を予約したいです。

코노 렛샤노 자세끼오 요야꾸시따이데스.

我想预订这趟车的座位。

워 샹 위딩 쩌탕 처 더 쪼어웨이.

寝台車はついていますか。

신다이샤와 쯔이떼 이마스까?

有卧铺车吗?

요우 워푸처 마?

교통

열차를 이용할 때

이 표를 취소하고 싶은데요.	Can I cancel this ticket. 캔 아이 캔슬 디스 티켓.
여기는 제 자리입니다.	I think this is my seat. 아이 씽크 디시즈 마이 씨-트.
이 자리에 누가 있습니까?	Is this seat taken? 이즈 디시-트 테이컨?
식당차가 있습니까?	Is there a dining car? 이즈 데어러 다이닝 카-?

🇯🇵	🇨🇳
この<ruby>切符<rt>きっぷ</rt></ruby>を<ruby>取<rt>と</rt></ruby>り<ruby>消<rt>け</rt></ruby>せますか。 코노 킵뿌오 토리께세마스까?	wǒ xiǎng tuì piào 我想退票。 워 샹 투이피아오.
ここは<ruby>私<rt>わたし</rt></ruby>の<ruby>席<rt>せき</rt></ruby>だと<ruby>思<rt>おも</rt></ruby>いますが。 코꼬와 와따시노 세끼다또 오모이 마스가.	zhè shì wǒ de zuòwèi 这是我的座位。 쩌 슬 워 더 쭈어웨이.
この<ruby>席<rt>せき</rt></ruby>は<ruby>空<rt>あ</rt></ruby>いていますか。 코노 세끼와 아이떼 이마스까?	zhè ge zuòwèi yǒurén ma 这个座位有人吗? 쩌거 쭈어웨이 요 런 마?
<ruby>食堂車<rt>しょくどうしゃ</rt></ruby>はついていますか。 쇼꾸도-샤와 쯔이떼 이마스까?	yǒu cānchē ma 有餐车吗? 요우 찬처 마?

교통

열차를 이용할 때

167

→ PART 05
교통

🇰🇷	🇺🇸
창문을 열어도 될까요?	May I open the window? 메이 아이 오픈 더 윈도우?
서울에 도착하면 가르쳐 주세요.	Please let me know when we reach Seoul. 플리-즈 렛 미- 노우 웬 위 리치 서울.
로스앤젤레스까지 편도 주세요.	A single to Los Angles, please. 어 씽글 투 로샌절리스, 플리즈.
이 열차는 시카고까지 직통입니까?	Is this a direct train to Chicago? 이즈 디스 어 디렉트 추레인 투 시카고?

<p>まど 窓をあけてもいい ですか。</p><p>마도오 아께떼모 이-데스까?</p>	<p>ké yǐ kāi chuāng ma 可以开窗吗?</p><p>커이 카이츄앙 마?</p>
<p>つ　　　　　おし ソウルに着いたら教 えてください。</p><p>소우루니 쯔이따라 오시에떼 쿠다사이.</p>	<p>dàoshǒu ěr de shí houqǐng 到首尔的时候请 gào su wǒ 告诉我。</p><p>따오 쇼우얼 더 슬호우 칭 까오수 워.</p>
<p>Los Anglesまでの かたみちきっぷ 片道切符をください。</p><p>로산제루스마데노 카따미찌깁뿌오 쿠다사이.</p>	<p>wǒ yào qù 我要去Los Angles de dānchéngpiào 的单程票。</p><p>워 야오 취 루산지 더 딴청피아오.</p>
<p>これはシカーゴまで ちょくつう 直通ですか。</p><p>고레와 시카-고마데 초꾸쯔-데스까?</p>	<p>zhètàngchē shì qù 这趟车是去 de zhí dá Chicago 的直达 chē ma 车吗?</p><p>저탕처 슬 취 시카코 더 즐다처 마?</p>

교통

열차를 이용할 때

06 렌터카를 이용할 때

차를 빌리고 싶은데요.	I'd like to rent a car. 아이드 라이크 투 렌트 카-.
차를 삼일 동안 빌리고 싶습니다.	I'd like to rent a car for three days. 아이드 라이크 투 렌트 카 풔 쓰리 데이즈.
중형차(소형차)를 빌리고 싶습니다.	I'd like a mid-size(compact) car. 아이드 라이커 미드 싸이즈 (컴팩트) 카.
보증금을 내야 합니까?	Do I pay a deposit? 두 아이 페이 어 디파짓?

Aachen Cathedral

아헨대성당
독일 (GERMANY)

🇯🇵	🇨🇳
<ruby>車<rt>くるま</rt></ruby>を<ruby>借<rt>か</rt></ruby>りたいのですが。 쿠루마오 카리따이노데스가.	wǒ xiǎng zū liàng chē 我想租辆车。 워 샹 주 량 쳐.
<ruby>車<rt>くるま</rt></ruby>を<ruby>三<rt>みっ</rt></ruby><ruby>日<rt>か</rt></ruby><ruby>間<rt>かん</rt></ruby><ruby>借<rt>か</rt></ruby>りたいです。 쿠루마오 믹까깡 카리따이데스.	wǒ yào jiè sāntiān de chē 我要借3天的车。 워 야오 찌에 싼티엔 더 쳐.
<ruby>中<rt>ちゅう</rt></ruby><ruby>型<rt>がた</rt></ruby><ruby>車<rt>しゃ</rt></ruby>(<ruby>小<rt>こ</rt></ruby><ruby>型<rt>がた</rt></ruby><ruby>車<rt>しゃ</rt></ruby>)を<ruby>借<rt>か</rt></ruby>りたいのですが。 쥬-가따(고-가따) 샤오 카리따이노데스가.	wǒ xiǎng jiè zhōngxíngchē xiǎo qì chē 我想借中型车(小汽车)。 워 샹 찌에 쭝싱처(쇼시처).
<ruby>保<rt>ほ</rt></ruby><ruby>証<rt>しょう</rt></ruby><ruby>金<rt>きん</rt></ruby>を<ruby>払<rt>はら</rt></ruby>うのですが。 호쇼-낀오 하라우노데스까?	yào jiāo yā jīn ma 要交押金吗? 야오 찌아오 야진 마?

교통

렌터카를 이용할 때

171

→ PART 05
교통

차를 아무 곳에나 반납해도 됩니까?	**May I drop the car off at my destination?** 메이 아이 드롭 더 카- 오프 엣 마이 데스티네이션?
이것이 제 국제운전 면허증입니다.	**This is my International Driving Permit.** 디시즈 마이 인터내셔널 드라이빙 퍼-미트.
그 요금에 보험은 포함되어 있습니까?	**Does the price include insurance?** 더즈 더 프라이스 인클룻 인슈어런스?
차가 고장입니다.	**The car broke down.** 더 카- 브로우크 다운.

乗り捨てできますか。 노리스떼 데끼마스까?	suíbiànzài nǎ lǐ dōu ké yǐ tuìhuánchē ma 随便在哪里都可以退还车吗？ 슈이비엔 짜이 나리 도우 커이 투이환 쳐 마?
これが私の国際運転免許書です。 코레가 와따시노 코꾸사이 운뗀 멘쿄쇼데스.	zhè shì wǒ de guó jì jià shǐ zhèng 这是我的国际驾驶证。 쩌 슬 워더 구어지 찌아슬정.
その料金に保険は含まれていますか。 소노 료-낀니 호껭와 후꾸마레떼 이마스까?	bǎoxiǎnfèi shì bāokuò de ma 保险费是包括的吗？ 바오시엔페이 쓰 빠오쿠어 더 마?
車が故障です。 쿠루마가 코쇼-데스.	chē shì huài de 车是坏的。 쳐 슬 화이더.

교통

렌터카를 이용할 때

선박을 이용할 때

언제 출항합니까?	When does it sail? 웬 더즈 잇 세일?
하루에 몇 번 있습니까?	How many cruises are there each day? 하우 매니 크루지즈 아 데어 이치 데이?
상하이 가는 배는 어디에서 타나요?	Where can I board the ship to Shanghai? 웨어 캔 아이 보-드 더 쉽 투 상하이?
승선 시간은 몇 시입니까?	What time do we board? 왓 타임 두 위 보-드?

Historic Centre of Riga

리가 역사지구
라트비아 (LATVIA)

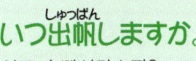

いつ出帆しますか。 이쯔 슛빤시마스까?	shén me shí hou lí gǎng 什么时候离港? 션머슬호우 리강?
一日何回ありますか。 이치니찌 낭까이 아리마스까?	yì tiān yǒu jǐ bān 一天有几班? 이티엔 요우 지 빤?
シャンハイ行きの船はどこで乗りますか。 샹하이 유끼노 후네와 도꼬데 노리마스까?	qù shànghǎi de chuán zài nǎ lǐ zuò 去上海的船在哪里坐? 취 샹하이 더 추안 짜이 나리 쭈어?
乗船時間は何時ですか。 죠-센지깐와 난지데스까?	shàngchuán shí jiān shì jǐ diǎn 上船时间是几点? 상 추안 슬지엔 슬 지디엔?

교통 — 선박을 이용할 때

→ PART 05
교통

🇰🇷	🇺🇸
뱃멀미가 심합니다.	I'm very seasick. 아임 베리- 씨-씩.
구명 조끼는 어디에 있나요?	Where is the life vest? 웨어리즈 더 라입 베스트?
선내에 매점이 있나요?	Is there a shop on this ship? 이즈 데어러 샵 온 디스 쉽?
돌아오는 배는 언제 있어요?	When does the return ship leave? 웬 더즈 더 리턴 쉽 리브?

船酔いがひどいです。	晕船晕得很厉害。
후나요이가 히도이데스.	윈 추안 윈더 헌 리하이.

救命胴衣はどこにありますか。	救生衣在哪里？
큐-메-도-이와 도꼬니 아리마스까?	지우셩이 짜이 나리?

船内に売店がありますか。	船上有商店吗？
센나이니 바이텐가 아리마스까?	추안상 요 상디엔 마?

帰りの船は、いつ出発ですか。	回来的船什么时候有？
카에리노 후네와 이쯔 슙빠쯔데스까?	훼이라이 더 추안 션머쓰호우 요우?

교통

선박을 이용할 때

08 화장실

🇰🇷	🇺🇸
이 근처에 공중 화장실이 있습니까?	**Is there a public restroom near here?** 이즈 데어 러 퍼블릭 레스트룸 니어 히어?
화장실은 어디입니까?	**Where is the restroom?** 웨어리즈 더 레스트룸-?
지금 화장실에 가도 될까요?	**May I go to the lavatory now?** 메이 아이 고 투 더 레버토리 나우?
화장실을 써도 될까요?	**May I use the restroom?** 메이 아이 유즈 더 레스트룸?

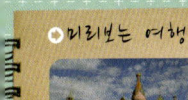

Kremlin and Red Square, Moscow

모스크바의 크레믈린궁과 붉은광장
러시아 (RUSSIAN FEDERATION)

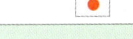

この近くに公衆トイレはありますか。
코노 치까꾸니 코-슈- 토이레와 아리마스까?

附近有没有公共厕所?
fù jìn yǒu méi yǒu gōng gòng cè suǒ
푸진 요우메이요우 꽁공처소?

トイレはどこですか。
토이레와 도꼬데스까?

卫生间在哪里?
wèi shēng jiān zài nǎ lǐ
웨이셩지엔 짜이 나리?

今トイレに行ってもいいですか。
이마 토이레니 잇떼모 이-데스까?

现在可以去卫生间吗?
xiàn zài ké yǐ qù wèi shēng jiān ma
시엔짜이 커이 취 웨이셩지엔 마?

トイレをお借りしてもいいですか。
토이레오 오카리시떼모 이-데스까?

可以用一下卫生间吗?
ké yǐ yòng yí xià wèi shēng jiān ma
커이 용 이샤 웨이셩지엔 마?

교통

화장실

→ PART 05
교통

제가 무척 급한데, 빨리 나오실 수 없나요?	I got to go really bad! 아이 가러 고우 리얼리 뱃!
화장실 물이 안 나와요.	This toilet doesn't flush well. 디스 토일릿 더즌트 플러쉬 웰.
수도꼭지가 새고 있습니다.	The Faucet is leaking. 더 포싯 이즈 리킹.
화장지가 없어요.	There is no toilet paper. 데어리즈 노우 토일럿 페이퍼.

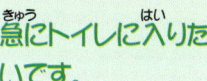

きゅうにトイレに入りたいです。 큐-니 토이레니 하이리타이데스.	wǒ hěn jí, néng kuài diǎn er ma 我很急，能快点儿吗？ 워 헌 지, 넝 콰이 디알 마?
トイレ水がちゃんと出ないです。 토이레 미즈가 쟌또 데나이데스.	xǐ shǒu jiān shuǐ liú bù hǎo 洗手间水流不好。 시쇼우지엔 쉐이 리우 뿌 하오.
蛇口から水がもれています。 쟈구찌 까라 미즈가 모레떼 이마스.	shuǐ lóng tóu lòu shuǐ 水龙头漏水。 쉐이롱 토우 로우 쉐이.
トイレットペーパーがありません。 토이렛또페-파가 아리마셍.	méi yǒu wèi shēng zhǐ 没有卫生纸。 메이요우 웨이성즐.

교통

화장실

→ PART 05
교통

남성용	MEN/ GENTLEMEN 멘/젠틀멘
여성용	WOMEN/ LADIES 위민/레이디-스
비어 있음	VACANT 베이컨트
사용 중	OCCUPIED 아큐파이드

4개 국어 여행회화

🇯🇵	🇨🇳
だんせいよう **男性用** 단세-요-	nánxìngzhuānyòng **男性专用** 난싱 주안용
じょせいよう **女性用** 죠세-요-	nǚxìngzhuānyòng **女性专用** 뉴싱 주안용
あ **空き** 아끼	wèishǐyòng **未使用** 웨이 슬용
しようちゅう **使用中** 시요-쮸-	shǐyòngzhōng **使用中** 슬용 중

교통

화장실

183

알아두면 유용한 관련단어

🇰🇷	🇺🇸
갈아타는 곳	TRANSFER GATE 트랜스퍼- 게이트
개찰구	wicket / gate 위킷/게잇
객실	compartment 컴파-트먼트
경찰관	policeman 폴리-스맨
고속도로	expressway 익스프레스웨이
고장 중	broken down 브로우큰 다운
공중전화	public telephone 퍼블릭 텔러포운
교차로	intersection 인터섹션
교회	church 처-치
구명보트	lifeboat 라이프보우트
국도	highway 하이웨이
국제운전면허증	International Driving Permit 인터내셔널 드라이빙 퍼밋
금연차	non-smoking car 논 스모우킹 카-

のりかえぐち **乗換口** 노리까에구찌	huànchéngdiǎn **换乘点** 환청디엔
かいさつぐち **改札口** 가이사쯔구찌	jiǎnpiào kǒu **检票口** 지엔피아오코우
こしつ **個室** 코시쯔	chē xiāng / kè cāng **车厢/客舱** 처시앙/커창
けいさつかん **警察官** 케-사쯔깐	jǐng chá **警察** 징차
こうそくどうろ **高速道路** 코-소꾸도-로	gāo sù gōng lù **高速公路** 까오쑤공루
こしょうちゅう **故障中** 코쇼-쮸-	gù zhàngzhōng **故障中** 꾸장중
こうしゅうでんわ **公衆電話** 코-슈-뎅와	gōngyòngdiàn huà **公用电话** 공용디엔화
こうさてん **交差点** 코-사뗀	jiāo chā lù kǒu **交叉路口** 찌아오차 루코우
きょうかい **教会** 쿄-까이	jiào huì **教会** 찌아오회이
きゅうめい **救命ボート** 큐-메-보-또	jiù shēngchuán **救生船** 지우성추안
こくどう **国道** 코꾸도-	guó dào **国道** 구어다오
こくさいうんてんめんきょしょう **国際運転免許証** 곡사이운뗌꾜쇼-	guó jì jià zhào **国际驾照** 구어지찌아짜오
きんえんしゃ **禁煙車** 킹엔샤	jìn yān liè chē **禁烟列车** 진이엔 리에처

185

알아두면 유용한 관련단어

🇰🇷	🇺🇸
기름	oil 오일
기차역	railway station 레일웨이 스테이션
노선	route 루웃
대학교	university 유니버스티
막다른 곳	T intersection 티- 인터섹션
매표소	ticket window 티켓 윈도우
배터리	battery 배터리
버스 요금	bus fare 버스 페어
버스 정류장	bus stop 버스탑
보통열차	local train 로우컬 트레인
브레이크	brakes 브레익스
서행	slow 슬로우
선실	cabin 캐빈
선원	crew 크루-

オイル オイる	yóu 油 요우
てつどうえき 鉄道駅 테쯔도-에끼	huǒ chē zhàn 火车站 호어처잔
ろ せん 路線 로셍	lù xiàn 路线 루씨엔
だいがく 大学 다이가꾸	dà xué 大学 따쉐이
つきあたり 쯔끼아따리	dīng zì lù kǒu 丁字路口 띵쯔 루코우
うりば きっぷ売場 킵뿌우리바	shòupiào chù 售票处 쇼우피아오추
バッテリ- 밧테리-	diàn chí 电池 디엔츨
りょうきん バス料金 바스료-낑	chē fèi 车费 처페이
てい バス停 바스떼-	gōnggòng qì chē zhàn 公共汽车站 공꽁치처잔
ふつうれっしゃ 普通列車 후쯔- 렛샤	pǔ tōng liè chē 普通列车 부통 리에처
ブレーキ 브레-키	shā chē 刹车 샤처
じょこう 徐行 죠꼬-	màn xíng 慢行 만싱
せんしつ 船室 센시쯔	chuáncāng 船舱 추안창
せんいん 船員 셍잉	chuányuán 船员 추안위안

187

알아두면 유용한 관련단어

🇰🇷	🇺🇸
선장	captain 캡틴
승차권, 입장권	ticket 티킷
시간표	timetable 타임테이블
시장	market place 마-켓 플레이스
시청	city hall 씨티 홀-
야간열차	night train 나잇 트레인
여객선	passenger ship 패신저- 쉽
왕복표	round-trip ticket 라운드 트립 티켓
요금	fare / rate / charge / fee / toll 페어/레잇/차쥐/피/톨
유료도로	toll road 톨 로우드
의무실	infirmary 인퍼-머리
입구/출구	ENTRANCE/EXIT 엔트런스/엑지트
정비소	repair shop 리페어 샵

せんちょう **船長** 센쵸-	chuánzhǎng **船长** 추안장
にゅうじょうけん **入場券** 뉴-죠-껭	piào **票** 피아오
じこくひょう **時刻表** 지꼬꾸효-	shí jiān biǎo **时间表** 슬지엔비아오
いちば **市場** 이찌바	shì chǎng **市场** 슬창
しやくしょ **市役所** 시야꾸쇼	shì zhèng fǔ **市政府** 슬정푸
やこうれっしゃ **夜行列車** 야꼬-렛샤	yè jiān liè chē **夜间列车** 예찌엔리에처
りょかくせん **旅客船** 료카꾸셍	kè chuán **客船** 커추안
おうふくきっぷ **往復切符** 오-후꾸 킵뿌	wǎng fǎn piào **往返票** 왕판피아오
りょうきん **料金** 료-낑	chē fèi **车费** 처페이
ゆうりょうどうろ **有料道路** 유-료-도-로	shōu fèi gōng lù **收费公路** 쇼우페이공루
いむしつ **医務室** 이무시쯔	yī wù shì **医务室** 이우슬
いりぐち/でぐち **入口/出口** 이리구찌/데구찌	rù kǒu chū kǒu **入口/出口** 루코우/추코우
しゅうりこうじょう **修理工場** 슈-리 코-죠-	jiǎn xiū chù **检修处** 지엔시이우 추

알아두면 유용한 관련단어

주유소	**gas station** 개스테이션
주차 금지	**no parking** 노우 파-킹
주차장	**parking lot** 파-킹 랏
지하철	**subway** 썹웨이
지하철역	**subway station** 썹웨이 스테이션
큰길	**avenue** 애버뉴-
타이어	**tire** 타이어
택시 승강장	**taxi stand** 택시- 스탠드
특급열차	**limited express** 리미티드 익스프레스
파출소	**police box** 폴리-스 박스
편도 요금	**single fare** 싱글페어
횡단보도	**pedestrian crossing** 피데스트리언 크로싱
휘발유	**gasoline / petrol** 가솔린/페트럴
흡연객차	**smoking car** 스모우킹 카-

ガソリンスタンド 가소린스딴도	jiā yóu zhàn **加油站** 찌아요우짠
ちゅうしゃきんし **駐車禁止** 쥬우샤 킨시	jìn zhǐ tíng chē **禁止停车** 진즐 팅 처
ちゅうしゃじょう **駐車場** 쥬-샤죠-	tíng chē chǎng **停车场** 팅처창
ち か てつ **地下鉄** 치까떼쯔	dì tiě **地铁** 띠티에
ち か てつえき **地下鉄駅** 치까떼쯔 에끼	dì tiě zhàn **地铁站** 띠티에잔
おおどお **大通り** 오-도-리	dà lù **大路** 따루
タイヤ 타이야	lún tāi **轮胎** 룬타이
タクシー乗り場 타꾸시- 노리바	chū zū chē zhàn **出租车站** 츄주처잔
とっきゅうれっしゃ **特急列車** 톡뀨- 렛샤	tè kuài liè chē **特快列车** 트어콰이 리에처
こうばん **交番** 코-반	pài chū suǒ **派出所** 파이추소워
かたみちりょうきん **片道料金** 가따미찌료-낑	dān chéng chē fèi **单程车费** 딴청처페이
おうだんほどう **横断歩道** 오-단호도-	rén xíng héng dào **人行横道** 런싱흥다오
ガソリン 가소린	qì yóu **汽油** 치요우
きつえんしゃ **喫煙車** 키쯔엔샤	xī yān liè chē **吸烟列车** 시이엔 리에처

part 6

관광

sightseeing

01 관광 안내소
02 교통편
03 관광 안내
04 기념 촬영

관광 가이드

★ 관광을 나서기 전에

관광을 하기 전에 우선 현지의 호텔이나 관광 안내소 등에 놓여 있는 그 도시에 관한 지도와 시내 지도를 입수하는 게 좋다. 이 지도에는 보통 관광 요령과 관광 명소 등이 수록되어 있으므로 흥미있는 곳을 체크해 두고 한정된 체류 기간 안에 어떻게 효율적으로 볼 것인가를 생각한다.

※ 세계의 축제

★ 브라질의 리우 카니발(Rio Carnival)

브라질 리우데자네이루에서 매년 부활절 46일 전에 시작해서 4일 동안 열리는 축제로, 역동적인 삼바의 리듬과 열정이 어우러진 세계 최고의 카니발 축제다. 이 리우 카니발은 포르투갈에서 브라질로 건너온 사람들의 사순절 축제와 아프리카 노예들이 고통을 잊기 위해 즐겼던 전통 타악기 연주와 춤이 합쳐져서 생긴 것으로 1930년 거리 축제에서 시작되었다.

리우 카니발의 절정은 삼바 퍼레이드인데, 삼바드로모(삼바 무용수들이 퍼레이드를 할 수 있도록 설계된 거리)는 총 6만 명을 수용할 수 있다고 한다. 이 축제를 즐기기 위한 국내외 관광객이 무려 70만 명에 이르는 세계 최대의 축제다.

★ 독일 뮌헨의 옥토버 축제(Octoberfest)

매년 9월 셋째주 토요일에서부터 10월 첫째 일요일

까지 독일 뮌헨에서 16일 동안 열리는 세계 최대의 맥주 축제다. 1810년 바이에른왕국 국왕의 결혼을 축하하기 위해 축제를 연 것이 옥토버 페스트의 기원이다.

★ 스페인 토마토 축제, '라 토마티나(La Tomatina)'

매년 8월의 마지막 주 수요일 스페인의 작은 마을 부뇰에서 열리는 축제다. 토마토 축제는 1944년 토마토 값 폭락에 분노한 농부들이 시의원들에게 분풀이로 토마토를 던진 것에서 유래되었는데, 이 축제에서 사용되는 토마토의 양이 무려 100톤이 넘는다고 한다.

★ 일본의 삿포로 눈 축제(Sapporo Yuki Matsuri)

매년 2월 둘째 주에 일본 홋카이도의 삿포로 지역에서 열리는 눈 축제로, 전 세계에서 2백만 명 이상의 관광객이 모여든다. 제2차 세계대전에서 패전한 아픔을 극복한 삿포로 시민들을 위로하고, 긴 겨울을 즐겁게 보내자는 의도로 1950년에 시작되어 오늘에 이르고 있다. 5톤 트럭 7,000대 분량의 눈이 수송되어 대규모의 조각상들이 제작된다.

★ 태국의 송끄란 축제(Songkran Festival)

매년 4월 13일부터 15일까지 열리는 새해맞이 축제다. 타이력의 정월 초하루인 송끄란을 기념하기 위한 축제로 물의 축제라고도 불린다. 축복을 기원하는 뜻으로 거리에서 서로에게 물을 뿌리며 더위를 잊는 태국 최고의 축제다.

관광 안내소

🇰🇷	
이 도시의 관광 팸플릿을 원합니다.	I'd like a sightseeing brochure for this town. 아이드 라이커 싸잇씨잉 브로우셔 퍼- 디스 타운.
무료 시내 지도가 있습니까?	Is there free city map? 이즈 데어 프리- 씨티- 맵?
교통 안내서도 필요합니다.	I'd also like a street map. 아이드 얼-소우 라이커 스트리트 맵.
이 근처에 볼만한 호수가 있나요?	Is there any lake worth a visit in this area? 이즈 데어 애니 레익 워쓰 어 비짓 인 디스 에리어?

Baalbek

바알삐
레바논 (LEBANON)

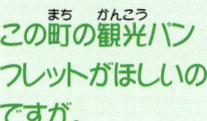

この町の観光パンフレットがほしいのですが。 코노 마찌노 캉꼬-팜후렛토가 호시-노데스가.	请给我一本这个城市的观光手册。 칭 게이 워 이번 쩌거 청슬 더 관광쇼우쳐.
無料の市街地図はありますか。 무료-노 시가이치즈와 아리마스까?	有免费的市内地图吗? 요우 미엔페이 더 슬내 띠투 마?
交通路線図もほしいんです。 코-쯔- 로센즈모 호시인데스.	交通路线图也需要。 찌아오통루시엔투 예 슈야오.
このあたりに見るべき活月がありますか。 코노 아타리니 미루베끼 미즈우미가 아리마스까?	这附近有值得一看的湖吗? 쩌 푸진 요우 즐더이칸 더 후 마?

관광

관광 안내소

→ PART 06
관광

한국말을 하는 안내원 있나요?	Is there any Korean speaking guide? 이즈 데어 애니 코리언 스피-킹 가이드?
하루에 얼마입니까?	What is the fee per day? 왓 이즈 더 피- 퍼- 데이?
이곳에서 가장 유명한 것이 무엇인가요?	What is the most famous thing here? 왓 이즈 더 모스트 페이머스 씽 히어?
경치가 좋은 곳을 아십니까?	Do you know a place with a nice view? 두유 노 어 플레이스 위더 나이스 뷰?

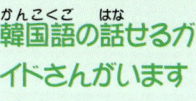

🇯🇵

かんこくご はな
韓国語の話せるガイドさんがいますか。

캉꼬꾸고노 하나세루 가이드상가 이마스까?

いちにち
1日いくらですか。

이찌니찌 이꾸라데스까?

いちばんゆうめい なん
こちらで一番有名なものは何ですか。

코치라데 이치방 유-메-나 모노와 난데스까?

けしき ぞん
景色がいいところをご存じですか。

게시끼가 이- 도꼬로오 고존지데스까?

🇨🇳

yǒuhuì hán yǔ de dǎoyóu
有会韩语的导游
ma
吗?

요우 회이 한위 더 다오요우 마?

yì tiān duōshǎo qián
一天多少钱?

이트엔 뚜어샤오치엔?

zhè li zuì yǒumíng de shì
这里最有名的是
shén me
什么?

쩌리 쭈이 요밍 더 슬 션머?

nǐ zhī dào nǎ li jǐng sè
你知道哪里景色
hǎo ma
好吗?

니 쯔다오 나리 징써 하오 마?

관광

관광 안내소

199

02
교통편

🇰🇷	🇺🇸
관광버스를 이용하고 싶어요.	**I'd like to take a sightseeing bus.** 아이드 라익 투 테이커 싸이트씨-잉 버스.
어디서 출발합니까?	**Where does it start?** 웨어 더즈 잇 스타-트?
몇 시에 출발합니까?	**What time does it get started?** 왓 타임 더즈 잇 겟 스타-팃?
몇 시에 돌아옵니까?	**What time does it get back?** 왓 타임 더즈 잇 겟 백?

Archaeological Site of Sabratha

사브라타
리비아 (LIBYAN ARAB JAMAHIRIYA)

かんこう りょう
観光バスを利用したいです。
캉꼬- 바스오 리요-시타이데스.

wǒ xiǎng zuò guānguāng kè chē
我想坐观光客车。
워 샹 쪼어 관광커처.

で
どこから出ますか。
도꼬까라 데마스까?

cóng nǎ lǐ chū fā
从哪里出发?
총나리 추퐈?

なんじはつ
何時発ですか。
난지하쯔데스까?

jǐ diǎn chū fā
几点出发?
지디엔 추퐈?

なんじ もど
何時に戻りますか。
난지니 모도리마스까?

jǐ diǎn huí lái
几点回来?
지디엔 회이라이?

관광 교통편

→ PART 06
관광

🇰🇷	🇺🇸
몇 시간 걸립니까?	How long does it take? 하우 롱 더즈 잇 테이크?
야간 관광도 있습니까?	Do you have night tours? 두유 햅 나잇 투어즈?
거기 가는 버스가 있습니까?	Is there a bus to go there? 이즈 데이러 버스 투 고우 데어?
투어는 몇 시에 어디에서 시작됩니까?	When and where does the tour begin? 웬 앤 웨어 더즈 더 투어 비긴?

<ruby>何時間<rt>なんじかん</rt></ruby>かかりますか。 난지깐 카까리마스까?	yào duōcháng shíjiān 要多长时间? 야오 뚜어창슬지엔?
<ruby>夜<rt>よる</rt></ruby>のコースもありますか。 요루노 코-스모 아리마스까?	yě yǒu yè jiānguānguāng ma 也有夜间观光吗? 예요우 예지엔 관광 마?
そこへ<ruby>行<rt>い</rt></ruby>くバスはありますか。 소꼬에 이꾸 바스와 아리마스까?	yǒu qù nà lǐ de gōnggòng qì chē ma 有去那里的公共汽车吗? 요우 취 나리 더 꽁공치처 마?
ツアーは<ruby>何時<rt>なんじ</rt></ruby>にどこで<ruby>始<rt>はじ</rt></ruby>まりますか。 투아-와 난지니 도꼬데 하지마리마스까?	lǚ chéngshén mé shíhòu zài nǎ lǐ kāishǐ 旅程什么时候在哪里开始? 루청 션머스허우 짜이나리 카이스?

관광 — 교통편

관광 안내

🇰🇷	🇺🇸
콘서트를 보고 싶어요.	**I want to enjoy a concert.** 아이 원투 인조이 어 컨서-트.
표는 어디서 삽니까?	**Where can I buy a ticket?** 웨어 캔 아이 바이 어 티켓?
입장료는 얼마죠?	**How much is the admission fee?** 하우 머춰 이즈 디 어드미션 피-?
아직 표를 살 수 있습니까?	**Can I still get tickets?** 캔아이 스틸 겟 티키츠?

Curonian Spit

크로니안 스피트
리투아니아 (LITHUANIA)

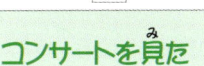

🇯🇵	🇨🇳
コンサートを見たい。 콘사-토오 미따이.	wǒ xiǎng qù kàn yǎnchànghuì 我想去看演唱会。 워 샹 취 칸 엔창회이.
切符はどこで買いますか。 킵뿌와 도꼬데 카이마스까?	piào zài nǎ lǐ mǎi 票在哪里买? 피아오 짜이 나리 마이?
入場料はいくらですか。 뉴-죠-료-와 이꾸라데스까?	rù chǎng fèi duōshǎo qián 入场费多少钱? 루창페이 뚜어샤오치엔?
チケットはまだ買えますか。 치켓토와 마다 카에마스까?	hái ké yǐ mǎi piào ma 还可以买票吗? 하이커이 마이 피아오 마?

관광

관광 안내

→ PART 06
관광

오페라는 어디서 볼 수 있습니까?	**Where can I see an opera?** 웨어 캔 아이 씨- 언 아퍼러?
개막[폐막]은 몇 시입니까?	**What time does the performance begin[end]?** 왓 타임 더즈 더 퍼포-먼스 비긴[앤드]?
자리를 예약하고 싶어요.	**I'd like to reserve seats.** 아이드 라이크 투 리저-브 씨-츠.
프로그램은 매일 있어요?	**Do you run the program every day?** 두 유 런 더 프로그램 에브리 데이?

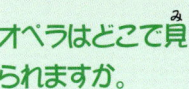

オペラはどこで見られますか。 오페라와 도꼬데 미라레마스까?	nǎ lǐ ké yǐ kàndào gē jù 哪里可以看到歌剧? 나리 커이 칸 따오 꺼쥐?
開演[終演]は何時ですか。 카이엔[슈-엔]와 난지데스까?	yǎnchū jǐ diǎnkāishǐ jié shù 演出几点开始(结束)? 옌추 지디엔 카이슬(지에수)?
席を予約したい。 세끼오 요야꾸시따이.	wǒ xiǎng yù dìngwèi zi 我想预订位子。 워 샹 위딩 웨이즈.
プログラムは、毎日ありますか。 푸로구라무와 마이니치 아리마스까?	xiàng mù měitiāndōuyǒu ma 项目每天都有吗? 샹무 메이티엔 또우 요우 마?

관광

관광 안내

04 기념 촬영

여기서 사진을 찍어도 됩니까?	May I take pictures here? 메이 아이 테이크 픽처-즈 히어?
플래시를 사용해도 됩니까?	May I use a flash? 메이 아이 유-즈 어 플래시?
저와 함께 찍어요.	Please pose with me. 플리-즈 포우즈 위드 미-.
셔터 좀 눌러 주시겠어요?	Would you mind taking a picture for me? 우쥬- 마인드 테이킹 어 픽처- 퍼 미-?

Royal Hill of Ambohimanga

암보히만가 왕실 언덕
마다가스카르 (MADAGASCAR)

ここで写真を撮ってもいいですか。

코꼬데 샤싱오 톳떼모 이-데스까?

这里可以照相吗?

쩌리 커이 짜오샹 마?

フラッシュをたいてもいいですか。

후랏슈오 타이떼모 이-데스까?

可以用闪光灯吗?

커이 용 샨광떵 마?

私と一緒にカメラに入ってください。

와따시또 잇쇼니 카메라니 하잇떼 쿠다사이.

和我一起照吧。

허 워 이치 쟈오 바.

すみませんがシャッターを押してください。

스미마셍가 샷타-오 오시떼 쿠다사이.

可以帮我照一张相吗?

커이 빵 워 쟈오 이장 샹 마?

관광

기념 촬영

209

→ PART 06
관광

이 버튼을 누르면 돼요.	Press this button. 프레스 디스 버튼.
한 장 더 부탁드립니다.	One more, please. 원 모어, 플리즈.
모두들 좀 가까이 밀착해 주세요.	Everybody, get closer. 에브리바디 겟 크로저.
사진을 보내드리겠어요.	I'll send you a copy. 아일 센드 유- 어 카피-.

🇯🇵	🇨🇳
このボタンを押してください。 코노 보탄오 오시떼 쿠다사이.	àn zhè ge àn jiàn jiù ké yǐ. 按这个按键就可以。 안 쩌거 안지엔 지우 커이.
もう一枚お願いします。 모- 이찌마이 오네가이시마스.	qǐng zài zhào yì zhāng 请再照一张。 칭 짜이 짜오 이짱.
みんなもって近づいて。 민나 못떼 치까즈이떼.	qǐng dà jiā dōu kào guò lái 请大家都靠过来。 칭 따지아 도우 카오 꾸어 라이.
写真を送ってあげます。 샤싱오 오꼿떼 아게마스.	wǒ huì bǎ zhàopiàn fā gěi nǐ de 我会把照片发给你的。 워 회이 바 쟈오피엔 퐈 게이 니 더.

관광

기념 촬영

→ PART 06
관광

잠깐 봐 주시겠어요.	Can you check it for me? 캔 유- 체킷 퍼- 미-?
주소를 써 주세요.	Write your address here. 라잇 유어 어드레스 히어.
동영상을 찍어도 됩니까?	May I use a video camera? 메이 아이 유져 비디오 캐머러?
당신 사진을 찍어도 됩니까?	May I take your picture? 메이 아이 테익큐어 픽쳐?

4개국어 여행회화

ちょっと見てもらえますか。 춋또 미떼 모라에마스까?	你可以帮我看一下吗? nǐ kě yǐ bāng wǒ kàn yí xià ma 니 커이 빵 워 칸이샤 마?
住所をここに書いてください。 쥬-쇼오 코꼬니 카이떼 쿠다사이.	请写一下地址。 qǐng xiě yí xià dì zhǐ 칭 시에이샤 띠즐.
動画を撮ってもいいですか。 도-가오 톳떼모 이-데스까?	可以摄像吗? kě yǐ shèxiàng ma 커이 셔샹 마?
ここで写真を撮ってもいいですか。 고꼬데 샤싱오 톳떼모 이-데스까?	可以照你吗? kě yǐ zhào nǐ ma 커이 쟈오 니 마?

관광

기념 촬영

알아두면 유용한 관련단어

🇰🇷	🇺🇸
강	river 리버-
경마	horse racing 호-스레이싱
고적	historical places 히스토리컬 플레이시즈
골프	golf 골프
공연	performance 퍼포먼스
관광	tourism / tour 투어리즘 / 투어
관광지도	visitor's guide 비지터즈 가이드
구경	sightseeing 싸이트씨-잉
궁전	palace 팰리스
그림엽서	picture postcard 픽쳐-포스트카-드
극장	theater 디어터-
기념비	monument 마뉴먼트
나라	country 컨추리
나이트클럽	night club 나이트클럽

🇯🇵	🇨🇳
かわ 川 카와	jiāng 江 쟝
けいば 競馬 케-바	sài mǎ 赛马 싸이마
きゅうせき 旧跡 큐-세끼	gǔ jì 古迹 구지
ゴルフ 고루후	gāo ěr fū 高尔夫 까오얼푸
こうえん 公園 고-엔	biǎo yǎn 表演 비아오옌
かんこう 観光/ツアー 강꼬-/쯔아-	guānguāng 观光 꽌꽝
かんこうちず 観光地図 강꼬-찌즈	guānguāng dì tú 观光地图 꽌꽝띠투
けんぶつ 見物 켄부쯔	kàn cānguān 看/参观 칸/찬관
きゅうでん 宮殿 큐-덴	gōngdiàn 宫殿 꽁디엔
え 絵はがき 에하가끼	míng xìn piàn 明信片 밍신피엔
げきじょう 劇場 게끼죠-	jù yuàn 剧院 쥐위엔
きねんひ 記念碑 키녱히	jì niàn bēi 纪念碑 지니엔베이
くに 国 쿠니	guó jiā 国家 구어지아
ナイトクラブ 나이또 쿠라부	yè zǒng huì gē wǔ tīng 夜总会/歌舞厅 예종회이/거우팅

알아두면 유용한 관련단어

🇰🇷	🇺🇸
낚시	fishing 피싱
놀이공원	theme park 팀-파크
농구	basketball 배스킷볼
도박	gambling 갬블링
동물원	zoo 주-
매진	sold out 솔드 아웃
매표소	ticket office 티킷 오피스
맥주집	beer hall 비어 홀-
명소	famous spots 페이머스 스파츠
미술관	art museum 아-트 뮤-지엄
바다	sea 씨-
바닷가	beach 비-치
박물관	museum 뮤-지엄
배구	volleyball 발리볼

<ruby>釣<rt>つ</rt></ruby>り 쯔리	diào yú 钓鱼 띠오우위
テーマパーク 테-마파-쿠	yóu lè yuán 游乐园 요우러위엔
バスケットボール 바스껫또보-루	lán qiú 篮球 란치우
<ruby>賭博<rt>とばく</rt></ruby> 도바꾸	dǔ bó 赌博 두보
<ruby>動物園<rt>どうぶつえん</rt></ruby> 토-부쯔엔	dòng wù yuán 动物园 똥우위엔
<ruby>売<rt>う</rt></ruby>り<ruby>切<rt>き</rt></ruby>れ 우리키레	shòu wán 售完 쇼우완
<ruby>切符売<rt>きっぷう</rt></ruby>り<ruby>場<rt>ば</rt></ruby> 킵뿌우리바	shòupiào chù 售票处 쇼우피아우추
ビアホール 비아호-루	pí jiǔ bā 啤酒吧 피지우바

<ruby>名所<rt>めいしょ</rt></ruby> 메-쇼	míngshèng jǐngdiǎn 名胜/景点 밍셩/징디엔
<ruby>美術館<rt>びじゅつかん</rt></ruby> 비쥬쯔깐	měi shù guǎn 美术馆 메이슈관
<ruby>海<rt>うみ</rt></ruby> 우미	hǎi 海 하이
<ruby>浜辺<rt>はまべ</rt></ruby> 하마베	hǎi biān 海边 하이비엔
<ruby>博物館<rt>はくぶつかん</rt></ruby> 하꾸부쯔깐	bó wù guǎn 博物馆 보어우관
<ruby>排球<rt>はいきゅう</rt></ruby>/バレーボール 하이뀨-/바레-보-루	pái qiú 排球 파이치우

알아두면 유용한 관련단어

🇰🇷	🇺🇸
사진	picture/photograph 픽쳐/포토우그랩
산	mountain 마운틴
성	castle 카-슬
성당	cathedral 커씨드럴
수영장	swimming pool 스위밍 풀
숲	forest 포리스트
식물원	botanical garden 버태니컬 가든-
역사 유적지	history spot 히스토리 스팟
연극	play 플레이
온천	hot springs 핫 스프링즈
유람선	excursion boat 익스커전 보웃
유흥가	amusement center 어뮤즈먼트 센터
입장권	admission ticket 엇미션 티킷
음악회	concert 칸서-트

🇯🇵	🇨🇳
しゃしん **写真** 샤싱	zhàopiàn **照片** 짜오피엔
やま **山** 야마	shān **山** 샨
しろ **城** 시로	chéng **城** 청
せいどう **聖堂** 세-도-	jiàotáng **教堂** 찌아오탕
プール 푸-루	yóuyǒngchǎng **游泳场** 요우용창
もり **森** 모리	sēn lín **森林** 션린
しょくぶつえん **植物園** 쇼꾸부쯔엔	zhí wù yuán **植物园** 즐우위엔
れきしいせきち **歴史遺跡地** 레끼시이세끼찌	míngshèng gǔ jì **名胜古迹** 밍셩 구찌
えんげき **演劇** 엥게끼	huà jù **话剧** 화쥐
おんせん **温泉** 온셍	wēn quán **温泉** 원쵄
ゆうらんせん **遊覧船** 유-란셍	yóu chuán **游船** 요우추완
はなまち **花町** 하나마찌	yú lè zhōng xīn **娱乐中心** 위러쭝신
にゅうじょうけん **入場券** 뉴-죠-껭	mén piào **门票** 먼피아오
おんがくかい **音楽会** 옹가꾸까이	yīn yuè huì **音乐会** 인이웨회이

알아두면 유용한 관련단어

🇰🇷	🇺🇸
인구	**population** 파퓰레이션
자유석	**free seat** 프리시트
자전거 하이킹	**cycling** 싸이클링
전람회	**exhibition** 엑서비션
지정석, 예약석	**reserved seat** 리절브드 씨잇
촬영금지	**No Photographs** 노우 포우터그랩스
출입금지	**No Admittance** 노우 어드미턴스
카바레	**cabaret** 캐버레이
카지노	**casino** 커시-노
테니스	**tennis** 테니스
특별석	**loge** 로우쥐
프로그램	**program** 프로그램
호수	**lake** 레이크

🇯🇵	🇨🇳
じんこう **人口** 진코-	rù kǒu **入口** 루코우
じゆうせき **自由席** 지유-세키	zì yóu xí **自由席** 즈요우시
サイクリング 사이쿠링구	zì xíng chē yùn dòng **自行车运动** 쯔싱처 윈동
てんらんかい **展覧会** 텐랑까이	zhǎn lǎn huì **展览会** 쟌란화이
していせき **指定席** 시떼-세키	yǐ yù dìng de zuò xí **已预定的座席** 이위띵더쭈어시
さつえいきんし **撮影禁止** 사쯔에-킨시	jìn zhǐ pāi zhào **禁止拍照** 진즐 파이쟈오
たちいりきんし **立入禁止** 타찌이리 킨시	jìn zhǐ chū rù **禁止出入** 진즐 추루
キャバレー 캬바레-	kǎ bā lái jiǔ guǎn **卡巴莱酒馆** 카바라이 지우관
カジノ 카지노	dǔ chǎng **赌场** 두창
テニス 테니스	wǎng qiú **网球** 왕치우
とくべつせき **特別席** 토쿠베츠세키	tè xí **特席** 터즈
プログラム 프로그라무	jié mù **节目** 지에무
みずうみ **湖** 미즈우미	hú **湖** 후

part 7

레스토랑
restaurant

01	찾아가기
02	주문하기
03	식사 중
04	식사 후
05	패스트푸드점에서
06	카페에서

식사 가이드

★ 식당에 들어가서

식당에 들어섰을 때에는 빈자리가 있다 하더라도 기다렸다가 웨이터의 안내를 받아 자리에 앉아야 한다. 코트를 입고 있다면 벗어서 웨이터에게 맡기고 웨이터가 표를 주면 보관하였다가 나올 때 찾으면 된다. 의자에 앉을 때에는 여성이 먼저 앉도록 도와주고, 식탁 위에 핸드백을 올려 놓지 않도록 한다.

★ 주문하기

메뉴는 천천히 훑어본 후 주문하고, 음식에 대해 잘 모를 경우 웨이터에게 물어보고 결정하도록 한다.

★ 식사 예절

음식이 나오기 전에 테이블 위의 냅킨을 무릎에 올려 놓고 음식을 기다린다. 식사는 천천히 대화를 나누면서 하되, 큰소리로 떠들지 않도록 한다. 또한 먹는 소리나 그릇 소리를 내는 것도 실례가 되므로 유의하도록 하고, 그릇을 손에 들고 큰 행동을 하며 이야기하지 않도록 한다.

식사 중 음료를 마시기 위해서라든지 잠시 쉴 경우는 나이프와 포크를 접시 양쪽에 걸쳐놓도록 하고, 식사가 끝나면 합쳐서 접시 위에 놓는다. 포크나 나이프를 떨어뜨렸을 경우에는 스스로 집지 말고 웨이터에게 말하여 가져다주는 새것을 쓰도록 한다.

★ 음식을 먹을 때

빵은 왼쪽에 놓여 있는 것이 자기 것이고, 먹을 때에는 손으로 조금씩 떼어서 버터나 잼을 발라 먹도록 한다. 그리고 식탁 위에 놓여져 있는 소금, 후추 등의 조미료를 집으려 할 때, 멀리 놓여져 있다면 옆사람에게 부탁하도록 한다.

와인이나 맥주 등을 따를 때에는 잔을 테이블에 놓은 채 따라야 하고, 잔을 주고 받는 것은 예의에 어긋나는 행동이다. 또한 건배용 샴페인은 술을 못 마시는 사람이라도 사양하지 말고 받아두는 것이 예의이다.

01 찾아가기

🇰🇷	
이 근처에 좋은 음식점을 가르쳐 주시겠어요?	Can you recommend a good restaurant near here? 캔 유- 레커멘드 어 굿 레스터런트 니어 히어?
너무 비싸지 않은 음식점을 원합니다.	I want someplace not too expensive. 아이 원트 썸플레이스 낫 투- 익스펜시브.
조용한 분위기의 음식점을 원합니다.	Someplace quiet. 썸플레이스 콰이어트.
이곳에 중국 음식점이 있습니까?	Is there a Chinese restaurant near here? 이즈 데어러 차이니-즈 레스터런트 니어 히어?

미리보는 여행지

Timbuktu

팀북투
말리 (MALI)

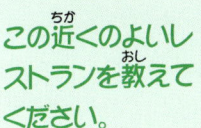

この近くのよいレストランを教えてください。

코노 치까꾸노 요이 레스토랑오 오시에떼 쿠다사이.

---

kě yǐ gào su wǒ zhè fù jìn hǎo chī de fàn diàn ma
可以告诉我这附近好吃的饭店吗?

커이 까오수 워 쩌 푸진 하오츨 더 판디엔마?

あまり高くないレストランがいいです。

아마리 타까꾸나이 레스토랑가 이-데스.

---

wǒ xiǎng qù bú tài guì de fàn diàn
我想去不太贵的饭店。

워 샹 취 부타이꾸이 더 판디엔.

静かな雰囲気のレストランがいいです。

시즈까나 훈이끼노 레스토랑가 이-데스.

---

wǒ xiǎng qù ān jìng diǎn de fàn diàn
我想去安静点的饭店。

워 샹 취 안징디엔 더 판디엔.

この近くに中華料理店はありますか。

코노 치까꾸니 츄-카료-리뗀와 아리마스까?

---

zhè li yǒu zhōng guó cài fàn diàn ma
这里有中国菜饭店吗?

쩌리 요우 중꿔차이 판디엔마?

찾아가기

레스토랑

227

→ PART 07
레스토랑

🇰🇷	🇺🇸
예약을 해 주시겠어요?	Can you make reservations for me? 캔 유- 메이크 레저베이션 즈 퍼- 미?
두 사람 자리가 있습니까?	Do you have two seats? 두 유- 햅 투 시츠?
예약은 했습니다.	I have a reservation. 아이 해버 레저베이션.
오늘 밤 여섯 시에 두 사람 자리를 예약하고 싶어요.	I'd like to make a reservation for two at six tonight. 아이드 라익 투 메익 어 레저베이션 포 투 앳 씩스 투나잇.

ここで予約をしてもらえますか。 코꼬데 요야꾸오 시떼 모라에마스까?	wǒ yào dìng wèi zi 我要订位子。 워 야오 띵 웨이즈.
2人の席がありますか。 후타리노 세끼가 아리마스까?	yǒu liǎng gè rén de zuòwèi ma 有两个人的座位吗? 요우 량거런 더 쭈어웨이 마?
予約してあるんです。 요야꾸시떼 아룬데스.	yǐ jīng yù dìng le 已经预订了。 이징 위딩 러.
今日、午後6時に、2人予約したいんですが。 쿄- 고고 로꾸지니 후따리 요야꾸시따인데스가.	wǒ xiǎng dìng liǎng ge wèi zi, jīnwǎn liù diǎn de 我想订两个位子,今晚6点的。 워 샹 딩 량거 웨이즈, 진 완 료디엔 더.

찾아가기

레스토랑

229

주문하기

🇰🇷	🇺🇸
메뉴를 보여 주세요.	**Menu, please.** 메뉴- 플리-즈.
저는 정식으로 하겠어요.	**I'll have the table d'hote.** 아일 해브 더 테이블 디에이치.
스테이크 2인분 주세요.	**Two steaks, please.** 투 스테익스, 플리즈.
이곳에서 잘하는 음식은 무엇입니까?	**What is the specialty of the house?** 왓 이즈 더 스페셜티 어브 더 하우스?

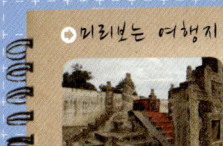

Historic Centre of Puebla

푸에블라 역사지구
멕시코 (MEXICO)

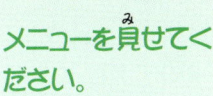

🇯🇵	🇨🇳
メニューを見せてください。 메뉴-오 미세떼 쿠다사이.	qǐnggěi wǒ càidān 请给我菜单。 칭 게이 워 차이단.
私は定食にします。 와따시와 테-쇼꾸니 시마스.	wǒ diǎntàocān 我点套餐。 워 디엔 타오찬.
ステーキ2人前、お願いします。 스테-키 니닌마에 오네가이시마스.	yào liǎng fènniúpái 要 两 份牛排。 야오 량 편 니우파이.
ここの自慢料理は何ですか。 코꼬노 지만료-리와 난데스까?	nǐ menzhè lǐ de náshǒu càishì shénme 你们这里的拿手菜是什么? 니먼쩌리 더 나쇼우차이 슬션머?

주문하기

레스토랑

231

→ PART 07
레스토랑

🇰🇷	🇺🇸
식사 전에 술을 주세요.	I'd like a drink before meal. 아이드 라이커 드링크 비포- 밀-.
오늘의 특별 메뉴가 있습니까?	Is there any special menu for today? 이즈 데어 애니 스페셜 메뉴 퍼- 투데이?
곧 먹을 수 있습니까?	Can I have it right away? 캔 아이 해브 잇 라잇 어웨이?
주문 받으세요.	We are ready to order. 위 아 래디 투 오더.

4개 국어 여행회화

🇯🇵	🇨🇳

しょくぜんしゅ
食前酒を下さい。
쇼꾸젠 사케오 쿠다사이.

shàng cài qián xiān shàng jiǔ
上菜前先上酒。
상 챠이 치엔 시엔 상 지우.

ほんじつ　とくべつこんだて
本日の特別献立は
ありますか。
혼지쯔노 토꾸베쯔 콘다떼와 아리마스까?

jīntiān yǒu tè sè cài ma
今天有特色菜吗?
찐티엔 요우 터써차이 마?

た
すぐ食べることが
できますか。
스구 타베루 코또가 데끼마스까?

mǎ shàng jiù ké yǐ chī ma
马上就可以吃吗?
마샹 지우 커이 츨 마?

ちゅうもん
注文をしたいのですが。
쮸-몽오 시따이노데스가.

wǒ men yào diǎn cài
我们要点菜。
워먼 야오 디엔차이.

주문하기

레스토랑

233

→ PART 07
레스토랑

저것과 같은 것을 주세요.	Give me the same order as that. 기브 미- 더 세임 오-더 애즈 댓.
저도 같은 것으로 주세요.	I'll have the same. 아일 해브 더 세임.
후식으로 과일을 주세요.	I'd like some fruit for dessert. 아이드 라이크 썸 후르-트 퍼- 디저트.
그 다음에 커피를 부탁합니다.	After that, I'll have coffee. 애프터 댓 아일 해브 커피-.

🇯🇵	🇨🇳
あれと同<ruby>おな</ruby>じものをください。 아레또 오나지 모노오 쿠다사이.	qǐnggěi wǒ nà ge 请给我那个。 칭 게이 워 나거.
私<ruby>わたし</ruby>にも同<ruby>おな</ruby>じ物<ruby>もの</ruby>をお願<ruby>ねが</ruby>いします。 와따시니모 오나지 모노오 오네가이시마스.	wǒ yě yàodiǎn yí yàng de 我也要点一样的。 워 예 야오 디엔 이양더.
デザートに果物<ruby>くだもの</ruby>をください。 데자-또니 쿠다모노오 쿠다사이.	fànhòu tiándiǎn qǐnggěi wǒ shuǐguǒ 饭后甜点请给我水果。 퐌호우티엔디엔 칭 게이 워 쉐이구어.
そのあとコーヒーをお願<ruby>ねが</ruby>いします。 소노 아또 코-히-오 오네가이시마스.	zhī hòu qǐnggěi wǒ kāfēi 之后请给我咖啡。 즐호우 칭 게이 워 카페이.

주문하기

레스토랑

03. 식사 중

🇰🇷	🇺🇸
이것을 먹는 방법을 가르쳐 주세요.	How do you eat this? 하우 두 유- 잇- 디스?
소금을 주세요.	Salt, please. 솔트 플리-즈.
물을 주세요.	Water, please. 워-터- 플리-즈.
빵을 좀 더 주세요.	Some more bread, please. 썸 모어 브레드 플리-즈.

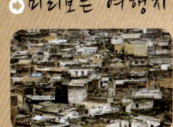

Medina of Fez

페즈의 메디나
모로코 (MOROCCO)

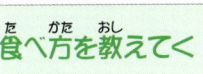

食べ方を教えてください。 타베카따오 오시에떼 쿠다사이.	qǐnggào su wǒ zhè ge zěn me chī 请告诉我这个怎么吃。 칭 까오수 워 쩌거 전머 츠.
塩をください。 시오오 쿠다사이.	qǐnggěi wǒ yán 请给我盐。 칭 게이 워 옌.
水をください。 미즈오 쿠다사이.	qǐnggěi wǒ shuǐ 请给我水。 칭 게이 워 쉐이.
パンをもう少しください。 빵오 모-스꼬시 쿠다사이.	qǐngzài gěi wǒ diǎnmiànbāo 请再给我点面包。 칭 짜이 게이 워 디엔 미엔빠오.

식사 중

레스토랑

→ PART 07
레스토랑

🇰🇷	🇺🇸
이것은 제가 주문한 것이 아닙니다.	**This is not my order.** 디스 이즈 낫 마이 오-더-.
작은 접시를 주세요.	**May I have small dishes?** 메이 아이 해브 스몰 디쉬즈?
식탁 좀 치워 주시겠어요.	**Could you please clear the table?** 쿠쥬 플리즈 클리어 더 테이블?
미안하지만 숟가락을 떨어뜨렸어요.	**Excuse me. I dropped my spoon.** 익스큐즈 미 아이 드랍트 마이 스푼.

4개국어 여행회화

🇯🇵	🇨🇳
これは私（わたし）が注文（ちゅうもん）したものではありません。 코레와 와따시가 츄-몬시따모노데와 아리마셍.	zhè ge bú shì wǒ diǎn de 这个不是我点的。 쩌거 부슬 워 디엔 더.
小皿（こさら）をください。 코사라오 쿠다사이.	qǐng gěi wǒ xiǎodiézi 请给我小碟子。 칭 게이 워 샤오디에즈.
食卓（しょくたく）をちょっと片付（かたづ）けてください 쇼꾸타꾸오 촛또 카따즈께떼 쿠다사이.	qǐng shōushi yí xiàzhuōzi 请收拾一下桌子。 칭 쇼우쓰 이샤 쪼어즈.
すみません。スプーンを落（お）としました。 스미마셍 스푸운오 오또시마시따.	bù hǎo yì si, wǒ bǎ sháozi diào zài dì shàn le 不好意思，我把勺子掉在地上了。 뿌하오이스, 워 바 샤오즈 띠우 짜이 띠 상러.

식사 중

레스토랑

04
식사 후

🇰🇷	🇺🇸
맛있었어요.	It was delicious. 잇 워즈 딜리셔스.
이건 제 입맛에 안 맞아요.	This food doesn't suit my taste. 디스 풋 더즌 숫 마이 테이슷.
계산해 주세요.	Check, please. 첵, 플리즈.
얼마입니까?	How much is it? 하우 머치 이짓?

⚪ 미리보는 여행지

Island of Mozambique

모잠비크 섬
모잠비크 (MOZAMBIQUE)

おいしかったです。 오이시깟따데스.	hěnhǎochī 很好吃。 헌 하오 츠.
これは私の口に合いません。 코레와 와따시노 쿠찌니 아이마셴.	zhè ge bú tài hé wǒ de kǒuwèi 这个不太合我的口味。 쩌거 부타이 허 워 더 코우웨이.
お勘定お願いします。 오깐죠- 오네가이시마스.	qǐng jiézhàng 请结账。 칭 지에짱.
いくらですか。 이꾸라데스까?	duōshǎoqián 多少钱? 뚜어샤오치엔?

식사 후

레스토랑

→ PART 07
레스토랑

따로 계산해 주세요.	**Separate checks, please.** 세퍼레잇 첵스 플리-즈.
지불은 어디서 합니까?	**Where is the cashier?** 웨어리즈 더 캐시어?
전부해서 얼마나 됩니까?	**How much is it all together?** 하우 머치 이짓 올 투게더?
신용카드도 됩니까?	**May I use a credit card?** 메이 아이 유저 크레딧 카드?

🇯🇵	🇨🇳
別勘定にしてください。 베쯔깐죠-니 시떼 쿠다사이.	**分开付。** fēnkāi fù 펀카이 푸.
勘定はどこですか。 칸죠-와 도꼬데스까?	**在哪里结账?** zài nǎ lǐ jiézhàng 짜이 나리 지에짱?
全部でいくらになりますか。 젬부데 이꾸라니 나리마스까?	**一共多少钱?** yí gòng duō shǎo qián 이꽁 뚜어샤오치엔?
クレジッドカードもいいですか。 쿠레짓또카-도모 이-데스까?	**可以用信用卡吗?** ké yǐ yòng xìn yòng kǎ ma 커이 용 신용카 마?

식사 후

레스토랑

05 패스트푸드점에서

햄버거와 커피 주세요.	Can I have a hamburger and a coffee please? 캔 아이 해버 햄버거 앤더 커피 플리즈?
콜라 하나, 작은 것으로 주세요.	A coke. Small one, please. 어 코크. 스몰 원, 플리즈.
여기서 먹겠습니다.	I'll eat there. 아월 잇 데어.
가져갈게요.	To go[take out], please. 투 고[테이카웃], 플리즈.

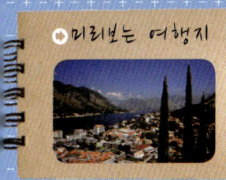

Natural and Culturo-Historical Region of Kotor

코토르 지역의 자연 및 역사문화 유적지
몬테네그로 (MONTENEGRO)

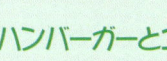

🇯🇵	🇨🇳
ハンバーガーとコーヒーください。 함바-가-또 고-히- 쿠다사이.	qǐnggěi wǒ hànbǎobāo hé kāfēi 请给我汉堡包和咖啡。 칭 게이 워 한바오빠오 허 카페.
コーラ一つ小さいものをください 코-라 히또쯔 치-사이모노오 쿠다사이.	qǐnggěi wǒ yì bēi kě lè xiǎobēi de 请给我一杯可乐小杯的。 칭 게이 워 이베이 커러, 샤오베이 더.
ここで食べます。 고꼬데 다베마스.	zài zhè er chī 在这儿吃。 짜이 쩔 츠.
持って帰ります。 몯떼 가에리마스.	wǒ yàodàizǒu 我要带走。 워 야오 따이조우.

패스트푸드점에서

레스토랑

까페에서

🇰🇷	🇺🇸
커피 한 잔 주세요.	A cup of coffee, please. 어 컵 업 커피, 플리즈.
차가운 것으로 주세요.	With ice, please. 윗 아이스, 플리즈.
홍차 두 잔 주세요.	Two teas, please. 투 티즈, 플리즈.
크림은 넣지 마세요.	No whipped cream, please. 노우 윕드 크림, 플리즈.

Yellowstone National Park

옐로우스톤 국립공원
미국 (UNITED STATES OF AMERICA)

コーヒー1杯ください。 코-히- 잇빠이 쿠다사이.	qǐnggěi wǒ yì bēi kā fēi 请给我一杯咖啡。 칭 게이 워 이뻬이 카페이.
アイスください。 아이스 쿠다사이.	qǐnggěi wǒ bīng de 请给我冰的。 칭 게이 워 빙 더.
紅茶二杯ください。 코-챠 니하이 쿠다사이.	qǐnggěi wǒ liǎngbēi hóngchá 请给我两杯红茶。 칭 게이 워 량뻬이 홍차.
クリームはのせないでください。 쿠리-무와 노세나이데 쿠다사이.	qǐng bú yào fàng nǎi yóu 请不要放奶油。 칭 부야오 퐝 나이요우.

까페에서

레스토랑

알아두면 유용한 관련단어

🇰🇷	🇺🇸
간장	**soy-sauce** 소이소-스
감자	**potato** 퍼테이토우
고기	**meat** 미-트
과일	**fruit** 프루-트
귤	**tangerine** 텐저린
나이프	**knife** 나이프
냅킨	**napkin** 냅킨
닭고기	**chicken** 치킨
당근	**carrot** 캐럿
딸기	**strawberry** 스트로-베리
마요네즈	**mayonnaise** 메이어네이즈
맥주	**beer** 비어
물 탄 위스키	**whisky and water** 위스키- 앤 워터-
밥	**boiled rice** 보일드 라이스

🇯🇵	🇨🇳
しょう^ゆ油 쇼-유	jiàng yóu 酱油 쨩요우
ジャガイモ 쟈가이모	tǔ dòu 土豆 투도울
にく 肉 니꾸	ròu 肉 로우
くだもの 果物 쿠다모노	shuǐ guǒ 水果 쉐이구어
みかん 미깡	jú zi 桔子 쥬즈
ナイフ 나이후	dāo 刀 다오
ナプキン 나프킨	cān jīn zhǐ 餐巾纸 찬진즐
とりにく 鶏肉 토리니꾸	jī ròu 鸡肉 지로우
ニンジン 닌징	hú luó bo 胡萝卜 후로우보
いちご 이찌고	cǎo méi 草莓 차오메이
マヨネーズ 마요네-즈	shā lā jiàng 沙拉酱 샤라쨩
ビール 비-루	pí jiǔ 啤酒 피지오
みずわ 水割り 미즈와리	duì shuǐ wēi shì jì 对水威士忌 뚜이쉐이 웨이슬지
はん ご飯 고항	fàn 饭 퐌

249

알아두면 유용한 관련단어

배	pear 페어-
버터/잼	butter / jam 버터/잼
복숭아	peach 피-치
볶은 것	sauteed 소테이드
브랜디	brandy 브랜디-
빵	bread 브래드
사과	apple 애플
샐러드	salad 샐러드
생선	fish 피시
샴페인	champagne 샴페인
석쇠에 구운 것	grilled 그릴드
설탕	sugar 슈가-
소금	salt 솔트
소다수	soda water 소우더 워터-

🇯🇵	🇨🇳
なし 梨 나시	lí zi 梨子 리즈
バター/ジャム 바타-/쟈무	huáng yóu guǒ jiàng 黄油/果酱 황요우/구어쨩
もも 桃 모모	táo zi 桃子 타오즈
いためた 이따메따	chǎo de 炒的 챠오 더
ブランデー 브란데-	bái lán dì 白兰地 바이란띠
パン 빵	miàn bāo 面包 미엔빠오
りんご 링고	píng guǒ 苹果 핑구어
サラダ 사라다	sè lā 色拉 써샤라
さかな 魚 사까나	yú 鱼 위
シャンペン 샴펜	xiāng bīn 香槟 샹빈
あみや 網焼きにした 아미야끼니시따	fàng zài kǎo wǎng shàng kǎo de 放在烤网上烤的 퐝짜이 카오왕 상 카오 더
さとう 砂糖 사또-	táng 糖 탕
しお 塩 시오	yán 盐 옌
すい ソーダ水 소-다스이	sū dǎ shuǐ 苏打水 수다쉐이

251

알아두면 유용한 관련단어

🇰🇷	🇺🇸
쇠고기	beef 비-프
수박	watermelon 워터멜런
수프	soup 수-프
스테이크	steak 스테이크
스푼	spoon 스푼-
시금치	spinach 스피니치
식초	vinegar 비니거-
아이스크림	ice cream 아이스크림-
야채	vegetable 베지터블
양배추	cabbage 캐비지
옥수수	corn 콘-
와인	wine 와인
우유	milk 밀크
음료	drink 드링크

🇯🇵	🇨🇳
ぎゅうにく **牛肉** 규-니꾸	niú ròu **牛肉** 니오로우
すいか 스이까	xī guā **西瓜** 시과
スープ 스-프	tāng **汤** 탕
ステーキ 스테-키	niú pái **牛排** 니오 파이
スプーン 스푸-은	tiáogēng **调羹** 티아오껑
ホウレンソウ 호-렌소-	bō cài **菠菜** 보차이
す **酢** 스	cù **醋** 츄
アイスクリーム 아이스쿠리-무	bīng qí líng **冰淇凌** 빙치링
やさい **野菜** 야사이	shū cài **蔬菜** 슈차이
キャベツ 캬베츠	juǎn xīn cài **卷心菜** 쥐엔신차이
トウモロコシ 토-모로코시	yù mǐ **玉米** 위미
しゅ **ぶどう酒** 부도-슈	pú tao jiǔ **葡萄酒** 푸타오지우
ミルク 미루꾸	niú nǎi **牛奶** 니오나이
の もの **飲み物** 노미모노	yǐn liào **饮料** 인리아오

253

알아두면 유용한 관련단어

🇰🇷	🇺🇸
재떨이	ashtray 애시트레이
직접 구운 것	barbecued 바-비큐-드
치즈	cheese 치-즈
케이크	cake 케이크
타바스코	Tabasco 터배스코우
토스트	toast 토우스트
통조림	stuffed 스텁트
포도	grape 그레이프
포크	fork 포-크
프라이	fried 프라이드
프렌치드레싱	French dressing 프렌치드레싱
피클	pickles 피클즈

🇯🇵	🇨🇳
はいざら 灰皿 하이자라	yān huī gāng 烟灰缸 옌회이깡
ちかび や 近火で焼いた 치까비데 야이따	zhí jiē kǎo de 直接烤的 즈지에 카오 더
チーズ 치-즈	nǎi lào 奶酪 나이라오
ケーキ 케-키	dàn gāo 蛋糕 단까오
タバスコ 타바스코	là jiāojiàng 辣椒酱 라찌아오쨩
トースト 토-스뜨	kǎo miàn bāo piàn 烤面包片 카오미엔바오피엔
つ もの 詰め物にした 쯔메모노니시따	guàn tóu 罐头 관토우
ぶどう 葡萄 부도-	pú tao 葡萄 푸타오
フォーク 훠-쿠	chā 叉 차
フライにした 후라이니시따	yóu zhá 油炸 요쟈
フレンチドレッシング 후렌치 도렛싱구	fǎ shì shēng cài tiáo wèi jiàng 法式生菜调味酱 퐈슬성차이티아오웨이쨩
ピックルス 픽쿠루스	suānhuáng guā 酸黄瓜 쑤안황과

255

쇼핑

shopping

01	매장 찾기
02	매장에서
03	지불
04	반품 · 교환

part 8

쇼핑 가이드

쇼핑을 즐기는 사람들은 우리나라와 비교적 가까운 홍콩이나 싱가포르, 일본 등지로 쇼핑을 목적으로 여행을 하기도 하고, 연말에 유럽의 빅 세일 기간에 맞춰서 떠나기도 한다. 현지에서 즐기는 쇼핑은 인터넷을 통한 구매보다 훨씬 저렴한 가격에 원하는 상품을 구입하고 여행도 즐긴다는 일석이조의 장점이 있다.

그러나 이러한 장점에도 불구하고 충동구매로 이어질 수 있으므로 짧은 시간에 효율적인 쇼핑을 하려면 살 물건의 리스트를 미리 만들어 두는 것이 좋다. 또 각 도시의 명산물과 선물 품목 및 상점가의 위치 등을 미리 조사해 두는 것도 한 방법이다.

★ 면세점 이용

면세점은 시내 면세점, 인터넷 면세점, 기내 면세점, 공항 면세점으로 나눌 수 있다.

시내 면세점의 경우 상품이 다양하고 규모에 있어서 다른 면세점보다 크며 직접 눈으로 보고 선택할 수 있다. 그러나 직접 방문해야 한다는 것이 단점이다. 가격 면에서 보면 인터넷 면세점이 가장 저렴하지만 상품이 다양하지 않으며, 공항 면세점의 경우가 가장 비싸다. 기내 면세점은 종류가 매우 제한적이어서 주로 인기 상품을 위주로 판매된다.

양주, 담배, 향수 등은 공항의 면세점에서 싸게 살 수 있으므로 맨 마지막에 공항에서 사도록 한다.

★ 백화점 쇼핑 에티켓

전시되어 있는 상품은 직접 만져보지 말고 보여 달라고 점원에게 요청하도록 한다. 특히 명품점에서 쇼핑을 할 때는 신경을 써야 한다. 물건을 고를 때 만졌던 상품은 제자리에 놓아두고, 점원에게 상품을 부탁한 뒤 찾는 동안 다른 곳으로 가버리지 말아야 한다.

여러 가지 상품을 꺼내놓고 사지 않을 경우에도 '미안하다'거나 '감사하다'고 가볍게 인사한다. 큰 소리로 떠들지 않고 차분하게 구매를 해야 하며, 유럽이나 미국의 백화점은 대부분 정찰제를 실시하므로 물건 값을 깎는 것은 실례다.

★ 가격 흥정

유럽이나 미국 같은 선진국의 백화점이나 고급 상점은 별도지만 동남아나 중남미 등의 여행지, 일반적인 선물 가게나 노점 같은 곳에서는 물건 값을 깎아도 실례가 되지 않는다.

시장은 흥정을 할 수 있는 대표적인 장소로 과일이나 야채 등은 여행자에게 제값보다 높여 부르는 일이 많으므로 한 집에서 결정하지 말고 몇 집 다녀본 뒤에 가격을 흥정하여 구입하는 것이 좋다.

흥정을 할 때는 절대 짜증을 내서는 안 된다. 몇 천 원 깎자고 즐거운 여행을 망칠 뿐이기 때문이다.

01 매장 찾기

🇰🇷	🇺🇸
일요일도 영업하나요?	Are you open on Sundays? 아 유 오픈 온 썬데이즈?
면세점이 있습니까?	Is there a tax-free shop? 이즈 데어러 택스프리-샵?
영업 시간은 몇 시부터 몇 시까지입니까?	What are the stores' hours? 왓 아- 더 스토어-즈 아워-즈?
백화점은 있습니까?	Is there a department store? 이즈 데어러 디파-트먼트 스토어?

The Sundarbans

순다르반
방글라데시 (BANGLADESH)

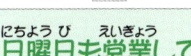

🇯🇵	🇨🇳
にちようび 日曜日も営業していますか。 니치요-비모 에-교-시떼 이마스까?	xīng qī tiān yě yíng yè ma 星期天也营业吗? 싱치티엔 예 잉예 마?
めんぜいてん 免税店はありますか。 멘제-뗀와 아리마스까?	yǒu miǎnshuì diàn ma 有免税店吗? 요우 미엔쉐이디엔 마?
えいぎょうじかん なんじ 営業時間は何時か なんじ ら何時までですか。 에-교-지깐와 난지까라 난지마데데스까?	yíng yè shí jiān cóng jǐ diǎn 营业时间从几点 dào jǐ diǎn 到几点? 잉예 슬지엔 총 지디엔 따오 지디엔?
デパートはありますか。 데파-토와 아리마스까?	yǒubǎi huòshāngdiàn ma 有百货商店吗? 요우 바이호우상디엔 마?

쇼핑

매장 찾기

→ PART 08
쇼핑

이 지역의 특산품은 무엇입니까?	What are the special products of this area? 왓 아- 더 스페셜 프러덕츠 어브 디스 에리어?
멋있는 옷을 사려면 어디로 가야 하나요?	Where should I go to buy some fashinable clothes? 웨어 슈드 아이 고 투 바이 섬 페셔너블 클로시즈?
화장품 코너는 어디입니까?	Where's the cosmetics department? 웨어즈 더 코즈메틱스 디팟먼트?
여성용 매장은 어디에 있습니까?	Which floor is the women's wear on? 위치 플러 이즈 더 우맨스 웨어 온?

쇼핑

매장 찾기

この地域の特産品は何ですか。 코노 치-끼노 토꾸산힝와 난데스까?	这个地方的特产是什么? zhè ge dì fang de tè chǎn shì shén me 쩌거 디팡 더 터찬 슬 션머?
おしゃれな服を買うにはどこへ行けばいいですか。 오샤레나 후꾸오 카우니와 도꼬에 이께바이-데스까?	想买时髦点的衣服应该去哪里? xiǎng mǎi shí máo diǎn de yī fu yīng gāi qù nǎ lǐ 샹 마이 슬마오디엔 더 이푸 잉가이 취 나리?
化粧品売場はどこですか。 케쇼-힝 우리바와 도꼬데스까?	化妆品柜台在哪里? huà zhuāng pǐn guì tái zài nǎ lǐ 화쫭핀 꾸이타이 짜이 나리?
女性用売り場は何階にありますか。 죠세-요- 우리바와 낭까이니 아리마스까?	女装部在哪儿? nǚ zhuāng bù zài nǎ er 뉘쭈왕뿌 짜이 날?

02 매장에서

만져 봐도 되나요?	May I pick it up? 메이 아이 픽 이럽?
입어 보고 싶은데요?	I'd like to try it on. 아이드 라이크 투 트라이 잇 온?
좀 더 싼 것이 있나요?	Do you have a cheaper one? 두 유- 해브 어 치퍼 원?
너무 화려하군요.	It's too loud. 이츠 투- 라우드.

베긴수녀원
벨기에 (BELGIUM)

쇼핑 — 매장에서

🇯🇵
さわ
触ってみてもいい
ですか。
사왓떼 미떼모 이-데스까?

🇨🇳
kě yǐ mō yi mō ma
可以摸一摸吗?
커이 모이모 마?

しちゃく
試着してみたいの
ですが。
시챠꾸시떼 미따이노데스가.

wǒ xiǎng shì chuān yí xià
我想试穿一下。
워 샹 슬추안이샤.

やす
もっと安いのがあり
ますか。
못또 야스이노가 아리마스까?

yǒu pián yi diǎn er de ma
有便宜点儿的吗?
요우 피엔이디알 더 마?

は で
派手すぎます。
하데스기마스.

tài huā shào le
太花哨了。
타이 화샤오 러.

265

PART 08
쇼핑

🇰🇷	🇺🇸
저걸 보여 주시겠습니까?	Would you show me that one? 우쥬 쇼우 미 댓 원?
제 사이즈는 50입니다.	I think my size is 50. 아이 씽크 마이 사이즈 이즈 피프티.
좀 더 큰(작은) 것이 있습니까?	Do you have a bigger [smaller] one? 두 유- 해버 비거-[스몰-러-] 원?
다른 것을 보여 주세요.	Show me another one, please. 쇼우 미- 어너더- 원 플리-즈.

🇯🇵	🇨🇳	쇼핑
あれを見せてください。 아레오 미세떼 쿠다사이.	qǐng gěi wǒ kàn yí kàn nà ge 请给我看一看那个。 칭 게이 워 칸이칸 나거.	매장에서
サイズは50だと思います。 사이즈와 고쥬-다또 오모이마스.	wǒ chuān wǔshí hào de 我穿50号的。 워 추안 우슬 하오 더.	
もっと大きい[小さい]のがありますか。 못또 오-끼이[치-사이]노가 아리마스까?	yǒu dà (xiǎo) yì diǎn er de ma 有大(小)一点儿的吗? 요우 따 (샤오) 이디알 더 마?	
ほかのを見せてください。 호까노오 미세떼 쿠다사이.	qǐng gěi wǒ kànkan bié de 请给我看看别的。 칭 게이 워 칸칸 비에 더.	

267

→ PART 08
쇼핑

너무 비싸군요.	It's too expensive for me. 이츠 투- 익스펜시브 퍼- 미.
아버지께 드릴 선물입니다.	It's a gift for my father. 이츠 어 기프트 퍼- 마이 파더.
이 물건으로 다른 색깔도 있나요?	Do you have this in another color? 두 유- 해브 디스 인 어너더- 컬러-?
한 개 고르기가 어렵네요.	It´s difficult to choose one. 잇츠 디피컬트 투 츄즈 원.

🇯🇵	🇨🇳	쇼핑

매장에서

わたし
私には高^{たか}すぎます。

와따시니와 다까스기마스.

tài guì le
太贵了。

타이 꾸이 러.

ちち
父へのおみやげです。

치찌에노 오미야게데스.

zhè shì gěi bà ba de lǐ wù
这是给爸爸的礼物。

쩌 슬 게이 빠바 더 리우.

これと同^{おな}じで色違^{いろちが}いはありますか。

코레또 오나지데 이로찌가이와 아리마스까?

zhè ge yǒu bié de yán sè de ma
这个有别的颜色的吗？

쩌거 요 비에더 옌써 더 마?

ひとつを選^{えら}ぶのが難^{むずか}しいです。

히또쯔오 에라부노가 무즈까시이데스.

tiāo qǐ lái zhēn nán
挑起来真难。

타오치라이 쩐 난.

지불

🇰🇷	🇺🇸
계산은 어디서 하나요?	**Where is the cashier?** 웨어리즈 더 캐쉬어?
모두 얼마죠?	**How much is it all together?** 하우 머취 이즈 잇 올- 투게더-?
이것도 같이 계산해 주세요.	**I'll take this, too.** 아일 테익 디스, 투.
다시 한 번 확인해 주세요.	**Will you check it again?** 윌 유- 체킷 어게인?

○ 미리보는 여행지

Mir Castle Complex

미르성
벨라루스 (BELARUS)

쇼핑

지불

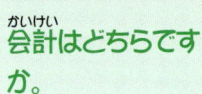

かいけい
会計はどちらですか。
가이께-와 도찌라데스까?

zài nǎ er jiézhàng
在哪儿结帐?
짜이 날 지에짱?

ぜんぶ
全部でいくらですか。
젬부데 이꾸라데스까?

yí gòng duōshǎo qián
一共多少钱?
이꿍 뚜어샤오치엔?

けい
これもいっしょに計
さん
算してください。
코레모 잇쇼니 게-산시떼 쿠다사이.

zhè ge yě yì qǐ suàn
这个也一起算。
쩌-거 예 이-치 쑤안.

いちど たし
もう一度確かめてください。
모- 이찌도 타시까메떼 쿠다사이.

qǐng zài kàn yí xià
请再看一下。
칭 짜이 칸이샤.

271

PART 08
쇼핑

여행자 수표로 지불해도 되나요?	**Can I pay with a traveler's check?** 캔 아이 페이 위더 츄래블러즈 첵?
일시불로 하겠습니다.	**I'd like to pay in full.** 아이드 라익 투 페이 인 풀.
영수증을 주세요.	**A receipt, please.** 어 리시트 플리-즈.
대금은 이미 지불했습니다.	**I already paid.** 아이 올-레디 페이드.

トラベラーズチェックで支払いできますか。 (しはら) 토라베라-즈첵꾸데 시하라이 데끼마스까?	可以用旅行支票吗? ké yǐ yòng lǚ xíng zhī piào ma? 커이 용 루싱지피아오 마?	**쇼핑** 지불
1回払いにします。 (かいばら) 잇까이바라이니 시마스.	一次性 付款。 yí cì xìng fù kuǎn 이츠싱 푸콴.	
領収証を下さい。 (りょうしゅうしょう くだ) 료-슈-쇼-오 쿠다사이.	请给我发票。 qǐng gěi wǒ fā piào 칭 게이 워 파피아오.	
代金はもう払いました。 (だいきん はら) 다이낀와 모- 하라이마시따.	已经付过了。 yǐ jīng fù guò le 이징 푸꾸어러.	

→ PART 08
쇼핑

오늘 중으로 갖다 주세요.	I'd like to have it today. 아이드 라이크 투 해브 잇 투데이.
비타민 호텔까지 갖다 주세요.	Can you send it to the Vitamin Hotel for me. 캔 유- 센딧 투 더 비타민 호텔 퍼- 미.
한국의 제 주소로 보내 주시겠어요?	Can you send it to my address in Korea? 캔 유- 센딧 투 마이 어드레스 인 코리어?
현금으로 내겠습니다.	I´ll pay in cash. 아일 페이 인 캐쉬.

쇼핑

지불

きょうじゅうに とどけてほしい。今日中に届けてほしい。 쿄-쥬-니 토도께떼 호시이.	qǐng jīntiān sònggěi wǒ 请今天送给我。 칭 찐티엔 쏭게이워.
ビタミンホテルまで とど けてもらえますか。 비타민호테루마데 토도께떼 모라에마스까?	qǐng sòng dào fàn diàn 请送到Vitamin饭店。 칭 쏭따오 비타민 판띠엔.
かんこく わたし じゅうしょあて 韓国の私の住所宛に送ってください。 캉꼬꾸노 와따시노 쥬-쇼아떼니 오꿋떼 쿠다사이.	kě yǐ jì dào wǒ hánguó de zhùsuǒ ma 可以寄到我韩国的住所吗? 커이 지따오 워 한구어 더 쥬소우 마?
げんきん はら 現金で払います。 겡낀데 하라이마스.	wǒ fù xiànjīn 我付现金。 워 푸 시엔찐.

04 반품·교환

🇰🇷	🇺🇸
이걸 반품하고 싶습니다.	**I'd like to return this.** 아이드 라익 투 리턴 디스.
이것을 바꿔 주시겠어요?	**Can I exchange this?** 캔 아이 익스체인지 디스?
더 작은 치수로 바꾸고 싶어요.	**I want to exchange it for a smaller size.** 아이 원 투 익스체인지 잇 포러 스몰러 사이즈.
여기에 흠집이 있어요.	**The product is flawed.** 더 프러덕트 이즈 플로드.

Iguaçu National Park

이과수 국립공원
브라질 (BRAZIL)

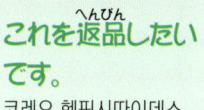

쇼핑

반품 · 교환

これを返品したい です。

코레오 헴핀시따이데스.

wǒ xiǎng tuì huò
我想退货。

워 샹 투이호어.

これを取りかえてく れますか。

코레오 토리카에떼 쿠레마스까?

ké yǐ bāng wǒ bǎ zhè ge huàn yí xià ma
可以帮我把这个 换一下吗?

커이 빵 워 바 쩌거 환이샤 마?

もっと小さいサイズ に交換したいんで すが。

못또 치-사이 사이즈니 고-깐시타인데스가.

wǒ xiǎnghuàn ge xiǎodiǎn er de
我想换个小点儿 的。

워 샹 환 거 샤오 디-알 더.

ここにキズがありま す。

코꼬니 기즈가 아리마스.

zhè lǐ yóudiǎn er máobìng
这里有点儿毛病。

쩌리 요디알 마오삥.

277

→ PART 08
쇼핑

🇰🇷	🇺🇸
불량품인 것 같아요.	I think it's defective. 아이 씽크 잇츠 디펙티브.
환불해 주시겠어요?	I'd like to get a refund. 아이드 라익 투 게러 리펀드.
3일 전에 샀습니다.	I bought it 3 days ago. 아이 보-팃 쓰리데이즈 어고우.
전혀 사용하지 않았어요.	I never used it. 아이 네버 유즈딧.

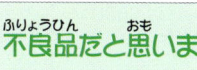

쇼핑

반품 · 교환

ふりょうひん 不良品だと思います。 후료-힝다또 오모이마스.	zhè shì cì pǐn 这是次品。 쩌 슬 츠핀.
へんきん 返金してもらいたい。 헹낀시떼 모라이타이.	ké yǐ bāng wǒ tuì huò ma 可以帮我退货吗? 커이 빵 워 투이호어 마?
みっかまえ か 三日前に買いました。 믹까마에니 카이마시따.	sān tiān qián mǎi de 3天前买的。 산 티엔 치엔 마이 더.
ぜんぜんつか 全然使っていません。 젠젠 츠깟떼이마센.	wán quán méi yòng guò 完全没用过。 완췐 메이 용 구어.

알아두면 유용한 관련단어

🇰🇷	🇺🇸
계산	**figures** 피규얼스
골동품점	**antique shop** 엔틱-샵
교환	**exchange** 익스췌인쥐
그림	**painting** 페인팅
넥타이	**necktie** 넥타이
만년필	**fountain pen** 파운틴 펜
매장	**counter/department** 카운터/디파트먼트
면세점	**tax-free shop** 택스프리 샵
목걸이	**necklace** 네클리스
바지	**trousers** 트라우저-즈
반지	**ring** 링
백화점	**department store** 디파-트먼트 스토어
벨트	**belt** 벨트
벽걸이	**tapestry** 태피스트리-

🇯🇵	🇨🇳
けいさん **計算** 게-산	jì suàn **计算** 찌쑤안
こっとうひんてん **骨董品店** 콧또-힝뗀	gǔ dǒng diàn **古董店** 구동디엔
こうかん **交換** 고-깡	jiāo huàn **交换** 찌아오환
かいが **絵画** 카이가	huà er **画儿** 화알
ネクタイ 네쿠타이	lǐng dài **领带** 링따이
まんねんひつ **万年筆** 만넨히쯔	gāng bǐ **钢笔** 깡비
う ば **売り場** 우리바	shāng diàn **商店** 샹띠엔
めんぜいてん **免税店** 멘제-뗀	miǎn shuì diàn **免税店** 미엔슈이디엔
ネックレス 넥쿠레스	xiàng liàn **项链** 샹리엔
ズボン 즈봉	kù zi **裤子** 쿠즈
ゆびわ **指輪** 유비와	jiè zhi **戒指** 지에즐
デパート 데파-토	bǎi huò shāng diàn **百货商店** 바이호어슝앙디엔
ベルト 베루또	pí dài **皮带** 피따이
かべか **壁掛け** 카베카께	bì guà **壁挂** 삐과

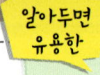

알아두면 유용한 관련단어

🇰🇷	🇺🇸
보석	**jewelry** 쥬얼리
볼펜	**ball point pen** 볼포인트 펜
블라우스	**blouse** 블라우스
서류가방	**briefcase** 브리-프케이스
선물가게	**souvenir shop** 수-버니어 샵
셔츠	**shirt** 셔-트
소가죽	**cowhide** 카우하이드
손목시계	**wristwatch** 리스트와치
손수건	**handkerchief** 행커칩
쇼핑 아케이드	**shopping arcade** 쇼핑 아-케이드
숙녀화	**lady's shoes** 레이디즈 슈-즈
스웨터	**sweater** 스웨터-
식탁보	**table cloth** 테이블 클로스
신사화	**men's shoes** 멘즈 슈-즈

🇯🇵	🇨🇳
ほうせき **宝石** 호-세끼	bǎo shí **宝石** 바오스
ボールペン 보-루펜	yuán zhū bǐ **圆珠笔** 위엔쯜비
ブラウス 부라우스	nǚ shì chèn yī **女士衬衣** 뉴슬쳔이
しょるい **書類かばん** 쇼루이카방	gōng wén bāo **公文包** 공원바오
ひんてん **みやげ品店** 미야게힝뗀	lǐ pǐn diàn **礼品店** 리핀디엔
シャツ 샤츠	chèn shān **衬衫** 쳔샨
ぎゅうひ **牛皮** 규-히	niú pí **牛皮** 니우피
うでどけい **腕時計** 우데도께-	shǒu biǎo **手表** 쇼우비아오
ハンカチ 항카치	shǒu pà **手帕** 쇼우파
アーケード 아-케-도	gòu wù shāng jiē **购物商街** 꼬우샹지에
ふじんぐつ **婦人靴** 후징구쯔	nǚ xié **女鞋** 뉴시에
セーター 세-타-	máo yī **毛衣** 마오이
テーブルクロス 테-브루쿠로스	zhuō bù **桌布** 죠어부
しんしぐつ **紳士靴** 신시구쯔	nán xié **男鞋** 난시에

알아두면 유용한 관련단어

🇰🇷	🇺🇸
신용카드	**credit card** 크레딧 카드
아동복	**children's clothing** 칠드런스 클로씽
양복점	**tailor** 테일러-
여행 가방	**overnight case** 오우버나잇 케이스
원피스	**dress** 드레스
의자	**chair** 쉐어-
장식물	**decorative object** 데커러티브 업젝트
정장	**suit** 수-트
지갑	**wallet** 월리트
치마	**skirt** 스커-트
카펫	**carpet** 카-펫
테이블	**table** 테이블
핸드백	**handbag** 핸드백
향수	**perfume** 퍼퓸-

🇯🇵	🇨🇳
クレジットカード 쿠레짙또카-도	xìn yòng kǎ 信用卡 씬융카
こどもふく 子供服 코도모후꾸	tóngzhuāng 童装 통쮸앙
ようふくてん 洋服店 요-후꾸뗀	xī fú diàn 西服店 시푸디엔
りょこう 旅行かばん 료꼬-카방	lǚ xíngxiāng 旅行箱 류싱샹
ワンピース 완피-스	lián yī qún 连衣裙 리엔이췬
い す 椅子 이스	yǐ zi 椅子 이즈
おきもの 置物 오끼모노	zhuāng shì pǐn 装饰品 쭈앙슬핀
スーツ 스-츠	zhèngzhuāng 正装 정쮸앙
さいふ 財布 사이후	qián bāo 钱包 치엔바오
スカート 스카-또	qún zi 裙子 췬즈
カーペット 카-펫또	dì tǎn 地毯 띠탄
テーブル 테-브루	zhuō zi 桌子 쭈어즈
ハンドバック 한도박구	shǒu tí bāo 手提包 쇼우티바오
こうすい 香水 코-스이	xiāngshuǐ 香水 샹쉐이

285

part 9

건강
health

01   병원

02   약국

건강 가이드

★ 아플 때

유럽이나 미국, 일본 등은 의료비가 우리나라보다 몇 배 이상 차이가 난다. 간단한 치료만으로도 엄청난 치료비가 들 수 있다. 또한 응급상황을 제외하곤 예약이 필요하고 오랫동안 기다려야 하는 번거로움도 있을 수 있으므로 여행 중 건강에 중대한 이상이 있을 경우에는 여행을 중단하고 한국으로 돌아와서 치료를 받는 게 좋은 방법일 수 있다.

일단 여행을 떠나기 전에 미리 건강 상태를 체크해 보는 것도 좋다. 건강한 사람이라도 여행 중에는 환경 변화와 피로로 인해 질병을 얻기 쉬우므로 혹시라도 만성적인 질환을 가지고 있다면 검사를 받아 보는 것이 안전하다. 외국에서도 우리와 마찬가지로 의사의 처방전이 없이는 약을 살 수 없는 경우가 많으므로 간단한 상비약품 정도는 준비해 두는 것이 좋다.

만성 질환이 있는 사람이라면 국내의 의사에게 영어로 된 처방전을 받아둔다. 만일의 경우 여행지의 의사에게 보이고 처방을 받아야 할 일이 생길 수도 있기 때문이다. 언어가 문제된다면 재외공관을 통하여 현지의 한국인 의사를 찾아보는 것도 한 가지 방법이다.

★ 미국에서의 약 구입

미국에서는 편의점이나 슈퍼에서 약을 구입할 수 있다. 비타민제나 기본적인 약(두통약, 소화제, 감

기약, 해열제 등)은 처방전 없이 구입 가능하며 약사가 상주하기 때문에 처방전을 가지고 가면 약을 구입할 수 있다.

★ 일본에서의 약 구입

일본의 약국은 약뿐만 아니라 화장품과 세면용품 등 각종 생활용품도 함께 판매하고 있으며 우리나라와 마찬가지로 의약분업이 실시되고 있다. 의사의 처방전이 없이도 살 수 있는 약품은 소화제, 변비약, 지사제, 해열진통제, 감기약, 물파스, 소독약 등이다.

★ 여행자 보험 가입

해외 여행 시 어떤 일이 생길지 아무도 모르기 때문에 여행자 보험의 가입은 필수다. 여행사를 통한 여행 상품에는 자동으로 가입이 되기 때문에 개인적으로 가입할 필요는 없다. 여행자 보험에 가입했다면 진단서와 현지에서 지불한 의료비 영수증만 있으면 국내에서 환급을 받을 수 있다.

01 병원

머리가 아파요.	**I have a headache.** 아이 해버 헤데이크.
열이 있어요.	**I have a fever.** 아이 해버 피-버-.
어지러워요.	**I feel dizzy.** 아이 필- 디지.
구급차를 불러 주세요.	**Call an ambulance, please.** 콜 언 앰뷸런스, 플리즈.

미리보는 여행지

Medieval Monuments in Kosovo

코소보 중세 유적지
세르비아 (REPUBLIC OF SERBIA)

건강

병원

🇯🇵

あたま
頭がいたい。
아따마가 이따이.

ねつ
熱がある。
네쯔가 아루.

め
目まいがする。
메마이가 스루.

きゅうきゅうしゃ　　ねが
救急車をお願いします!
규-뀨-샤오 오네가이시마스!

🇨🇳

wǒ tóuténg
我头疼。
워 토우텅.

wǒ fā shāo le
我发烧了。
워 퐈샤오 러.

wǒ tóuyūn
我头晕。
워 토우윈.

jiào jiù hù chē
叫救护车!
지아오 지우후처!

291

PART 09
건강

🇰🇷	🇺🇸
병원에 데려다 주세요.	**Please take me to the hospital.** 플리-즈 테익 미-투 더 하스피털.
진료 예약을 하고 싶어요.	**Can I make an appointment?** 캔 아이 메이컨 어포인먼?
여기가 아파요.	**I have a pain here.** 아이 해버 페인 히어.
기침이 나요.	**I have a cough.** 아이 해버 코-프.

びょういんへつれていってください。 病院へ連れて行ってください。 뵤-잉에 쯔레떼 잇떼 쿠다사이.	qǐng sòng wǒ qù yī yuàn 请送我去医院。 칭 쏭 워 취 이위엔.
しんりょうのよやくをとりたいのですが。 診療の予約を取りたいのですが。 신료-노 요야꾸오 토리따이노데스가.	wǒ xiǎng yù yuē kàn bìng 我想预约看病。 워 샹 위 위에 칸삥.
ここがいたい。 ここが痛い。 코꼬가 이따이.	wǒ zhè lǐ bù shū fu 我这里不舒服。/ wǒ zhè lǐ téng 我这里疼。 워 쩌리 뿌 슈푸. / 워 쩌리 텅.
せきがでる。 세끼가 데루.	wǒ ké sou 我咳嗽。 워 커소우.

건강 / 병원

→ PART 09
건강

밤에는 통증이 더 심해요.	I feel dizzy and faint. 아이 필 디지 앤 페인트.
설사를 했어요.	I have diarrhea. 아이 해브 다이어리어.
저는 알레르기 체질입니다.	I have allergies. 아이 해브 앨러르지-즈.
한국어를 아는 의사 있나요?	Is there a korean-speaking doctor? 이즈 데어러 코리언 스피킹 닥터?

건강 / 병원

夜は痛みがもっとひどくなります。 요루와 이따미가 못또 히도꾸 나리마스.	wǎnshang gèng téng 晚上更疼。 완-상껑텅.
下痢をしました。 게리오 시마시따.	wǒ lā dù zi le 我拉肚子了。 워 라 뚜즈 러.
私はアレルギー体質です。 와따시와 아레루기- 타이시쯔데스.	wǒ shì guòmǐn tǐ zhì 我是过敏体质。 워 슬 꾸어민 티즐.
韓国語の話せる医師はいますか。 강꼬꾸고노 하나세루 이샤와 이마스까?	yǒu shuō hán yǔ de dài fu ma 有说韩语的大夫吗? 요우 슈어 한위 더 따이푸 마?

→ PART 09
건강

입원해야 하나요?	**Must I be in the hospital?** 머스트 아이 비 인 더 하스피털?
어느 정도 안정해야 되나요?	**How long must I rest?** 하우 롱 머스트 아이 레스트?
계속 여행해도 괜찮을까요?	**Can I continue my trip?** 캔 아이 컨티뉴- 마이 추립?
이제 조금 괜찮아요.	**I feel a little better.** 아이 필- 어 리틀 베터-.

건강 — 병원

<ruby>入院<rt>にゅういん</rt></ruby>しなければなりませんか。 뉴-인 시나께레바 나리마셍까?	要住院吗? yào zhùyuàn ma 야오 쭈위엔 마?
<ruby>何日<rt>なんにち</rt></ruby>くらい<ruby>安静<rt>あんせい</rt></ruby>が<ruby>必要<rt>ひつよう</rt></ruby>ですか。 난니찌 꾸라이 안세-가 히쯔요-데스까?	我要休息多长时间? wǒ yào xiū xi duō cháng shí jiān 워 야오 시오시 뚜어창스지엔?
<ruby>旅行<rt>りょこう</rt></ruby>を<ruby>続<rt>つづ</rt></ruby>けてもよろしいですか。 료꼬-오 쯔즈케떼모 요로시-데스까?	我可以继续旅游吗? wǒ ké yǐ jì xù lǚ yóu ma 워커이 지쉬 류요우 마?
<ruby>少<rt>すこ</rt></ruby>しよくなりました。 스꼬시 요꾸 나리마시따.	现在好点儿了。 xiànzài hǎodiǎn er le 시엔짜이 하오디알 러.

297

약국

이 처방전대로 약을 주세요.	Please fill this prescription. 플리-즈 필 디스 프리스크립션.
처방전은 없습니다.	I don't have a prescription. 아이 도운트 해버 프리스크립션.
진통제 있습니까?	Can I have some pain killers? 컨 아이 햅 섬 페인 킬러즈?
소화불량엔 뭐가 좋을까요?	What would you recommend for indigestion? 왓 우쥬 레커멘드 포 인다이제스천?

Old City of Berne

베른 구시가지
스위스 (SWITZERLAND)

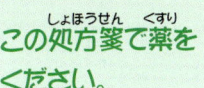

🇯🇵	🇨🇳
この処方箋で薬をください。 코노 쇼호-셍데 쿠스리오 쿠다사이.	请按照这个处方给我药。 qǐng àn zhàozhè ge chǔfāng gěi wǒ yào 칭 안쨔오 쩌거 추퐝 게이 워 야오.
処方箋はありません。 쇼호-셍와 아리마셍.	没有处方。 méi yǒu chǔfāng 메이요우 추퐝.
痛み止めはありますか。 이타미도메와 아리마스까?	有止痛药吗? yǒu zhǐ tòng yào ma 요우 즐텅야오 마?
消化不良には何がいいですか。 쇼-까후료-니와 나니가 이-데스까.	什么对消化不良好? shén me duì xiāohuà bù liáng hǎo 션머 뚜이 시아오화부량 하오?

건강 / 약국

→ PART 09
건강

감기약 있나요?	Do you have anything for a cold? 두 유 해브 애니씽 풔러 콜드?
안약을 주세요.	I need some eye-drops. 아이 니드 섬 아이드랍스.
약은 몇 번 먹나요?	How often do I take the medicine? 하우 오픈 두 아이 테익 더 메디신?
반창고를 주세요.	Can I have some bandages? 캔 아이 해브 섬 밴디쥐즈?

🇯🇵	🇨🇳
<ruby>風邪薬<rt>かぜぐすり</rt></ruby>はありますか。 카제구스리와 아리마스까?	yǒu gǎnmào yào ma 有感冒药吗？ 요우 간마오야오 마?
<ruby>目薬<rt>めぐすり</rt></ruby>をください。 메구스리오 쿠다사이.	wǒ yào yǎnyào 我要眼药。 워 야오 옌야오.
<ruby>薬<rt>くすり</rt></ruby>は<ruby>何回<rt>なんかい</rt></ruby><ruby>飲<rt>の</rt></ruby>むのですか。 쿠스리와 난까이 노무노데스까?	zhè ge yào chī jǐ cì 这个药吃几次？ 쩌거 야오 츠 지츠?
<ruby>絆創膏<rt>ばんそうこう</rt></ruby>をください。 반소-꼬-오 쿠다사이.	qǐng gěi wǒ diǎn er chuāngkǒu tiē 请给我点儿创口贴。 칭 게이 워 디알 추앙코우티에.

건강

약국

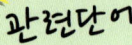

감기약	cold medicine 코올드 메디신
구급차	ambulance 앰뷸런스
내과 의사	physician 피지션
맥박	pulse 펄스
맹장염	appendicitis 어펜더싸이티스
물약	liquid medicine 리퀴드 메디신
바르는 약	ointment 오인트먼트
반창고	adhesive tape 애드히시브 테이프
산부인과 의사	gynecologist 가이니칼러지스트
상처	injury / wound 인저리/운드
소아과 의사	child specialist 차일드 스페셜리스트
수면제	sleeping pill 슬리-핑 필
수술	operation 아퍼레이션
식욕	appetite 애피타잇

🇯🇵	🇨🇳
かぜぐすり **風邪薬** 카제구스리	gǎn mào yào **感冒药** 간마오야오
きゅうきゅうしゃ **救急車** 큐-뀨-샤	jí jiù chē **急救车** 지지우처
ないかい **内科医** 나이까이	nèi kē yī shēng **内科医生** 네이커이성
みゃく **脈はく** 먀꾸하꾸	mài bó **脉搏** 마이 보
もうちょうえん **盲腸炎** 모-쵸-엔	mángcháng yán **盲肠炎** 망창옌
みずぐすり **水薬** 미즈구스리	shuǐ jì **水剂** 쉐이지
ぬ ぐすり **塗り薬** 누리구스리	tú mǒ de yào **涂抹的药** 투모 더 야오
ばんそうこう **絆創膏** 반소-꼬-	chuāng kǒu tiē **创口贴** 창코우티에
ふじんかい **婦人科医** 후징까이	fù kē yī shēng **妇科医生** 푸커이성
け が **怪我** 케가	shāng kǒu **伤口** 샹코우
しょうにかい **小児科医** 쇼-니까이	ér kē yī shēng **儿科医生** 얼커이성
すいみんやく **睡眠薬** 스이민야꾸	ān mián yào **安眠药** 안미엔야오
しゅじゅつ **手術** 슈쥬쯔	shǒu shù **手术** 쇼우슈
しょくよく **食欲** 쇼꾸요꾸	shí yù **食欲** 슬위

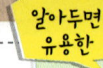

알아두면 유용한 관련단어

식중독	**indigestion** 인다이제스쳔
안과 의사	**oculist** 아큐리스트
안약	**eye drops** 아이드랍스
약	**medicine** 메디신
연고	**salve** 샐-브
외과 의사	**surgeon** 써-젼
위장약	**stomach medicine** 스터먹 메디신
주사	**injection** 인젝션
진단서	**medical certificate** 메디컬 서-티피커트
진료실	**clinic** 클리닉
체온	**temperature** 템퍼러춰
치과 의사	**dentist** 덴티스트
탈지면	**adsorbent cotton** 업소-번트 카튼
혈압	**blood pressure** 블러드 프레셔

🇯🇵	🇨🇳
しょく **食あたり** 쇼꾸아따리	shí wù zhòng dú **食物中毒** 슬우종두
がんかい **眼科医** 강까이	yǎn kē yī shēng **眼科医生** 옌커이셩
めぐすり **目薬** 메구스리	yǎn yào **眼药** 옌야오
くすり **薬** 쿠스리	yào **药** 야오
なんこう **軟膏** 낭꼬-	ruǎn gāo **软膏** 루안까오
げかい **外科医** 게까이	wài kē yī shēng **外科医生** 와이커이셩
いちょうやく **胃腸薬** 이쵸-야꾸	wèi cháng yào **胃肠药** 웨이창야오
ちゅうしゃ **注射** 쥬-샤	dǎ zhēn **打针** 다쩐
しんだんしょ **診断書** 신단쇼	zhěn duàn shū **诊断书** 쩐두안슈
しんりょうしつ **診療室** 신료-시쯔	zhěn suǒ / zhěn liáo shì **诊所/诊疗室** 쩐스워/쩐리아오쓸
たいおん **体温** 타이옹	tǐ wēn **体温** 티웬
しかい **歯科医** 시까이	yá kē yī shēng **牙科医生** 야커이셩
だっしめん **脱脂綿** 닷시멘	tuō zhī mián **脱脂棉** 투어즐미엔
けつあつ **血圧** 케쯔아쯔	xuě yā **血压** 쉬에야

part 10

전화 . 통신
telecommunication

01   전화 표현
02   국제전화
03   우체국

전화·통신 가이드

★ 핸드폰 로밍 서비스

자동로밍서비스 이용자는 별다른 설정 없이도 사용할 수 있지만, 핸드폰을 준비하지 못했을 때는 인천국제공항 서비스카운터에서 대여할 수 있다. 핸드폰 로밍은 자신의 핸드폰을 그대로 사용할 수 있는 반면 비용이 비싸고 동반 여행자끼리 통화할 경우에도 국제요금을 지불해야 한다.

무선인터넷은 데이터요금이 비싸므로 사용을 자제하고 로밍할 때부터 접속되지 않도록 설정하는 것도 좋다.

★ 국제전화 거는 법

해외에서 한국으로 전화할 때는 지역번호와 전화번호 앞에 '0'이 있는 경우, '0'은 제외하고 누른다
즉, 국제전화서비스번호 +82(국가번호)+지역번호+전화번호인데 예를 들어 해외에서 한국의 휴대폰 010-123-4567번으로 거는 경우 국제전화서비스번호 +82+10-123-4567을 차례대로 누르면 된다.

★ 스마트폰 활용

스마트폰만 있다면 여행 중에 필요한 자료를 그때그때 찾아볼 수 있어 활용 가치가 매우 높다. 대중교통 검색, 인터넷검색은 기본이고 SNS 사용, 메일 확인, 인터넷을 이용한 전화, 구글맵을 활용한 목적지 찾기, 날씨 정보 등 여행에 필요한 원만한 기능들을 모두 해결할 수 있다.

★ 해외에서 우편물 보내기

해외에서 우체국에 갈 일이 흔하진 않지만 급한 등기우편이나 소포 외에도 경험 삼아 여행지에서의 선물이나 엽서를 보내는 것도 좋다.

★ 수입이 금지되는 물품(우편물 통관 허용 범위)

1. 국헌을 문란하게 하거나 공안 또는 풍속을 해할 서적, 간행물, 도서, 영화, 음반, 비디오물, 조각물 기타 이에 준하는 물품
2. 정부의 비밀을 누설하거나 첩보에 공하는 물품
3. 화폐, 지폐, 은행권, 채권 기타 유가증권의 위조품, 변조품 또는 모조품

01 전화 표현

🇰🇷	🇺🇸
스미스 씨를 부탁합니다.	**Mr. Smith, please.** 미스터 스미스 플리즈.
지금 얘기해도 괜찮아요?	**Can I talk to you now?** 캔 아이 톡 투 유 나우?
통화 중입니다.	**The line is busy.** 더 라인 이즈 비지-.
미안합니다. 잘못 걸었습니다.	**I'm sorry. I have the wrong number.** 아임 쏘리. 아이 해브 더 렁 넘버-.

Burgos Cathedral

브르고스 대성당
스페인 (SPAIN)

スミスさんをお願_{ねが}いします。 스미스상오 오네가이 시마스.	qǐngzhǎo yí xià xiān sheng 请找一下Smith先生。 칭 쟈오이샤 스미스 시엔셩.
今_{いま}、話_{はな}してもいいですか。 이마 하나시떼모 이-데스까?	xiànzài ké yǐ shuō ma 现在可以说吗? 시엔짜이 커이 슈어 마?
話_{はな}し中_{ちゅう}です。 하나시쮸-데스.	zhèng zài tōng huà zhōng 正在通话中。 쪙짜이 통화 죵.
ごめんなさい。まちがえました。 고멘나사이 마찌가에마시따.	duì bù qǐ wǒ dǎ cuò le 对不起,我打错了。 뚜이부치 워 다 츄어러.

전화 · 통신

전화 표현

→ PART 10
전화·통신

영어로 얘기해도 되나요?	**May I speak in English?** 메아이 스피크 인 잉글리쉬?
저는 박지민입니다.	**This is Jimin Park.** 디스 이즈 지민 박.
나중에 다시 걸겠습니다.	**I'll call again later.** 아일 콜- 어게인 레이터-.
여보세요, 김 씨[여사, 양] 입니까?	**Hello! Is this Mr.[Mrs, Miss] Kim?** 헬로우 이즈 디스 미스터[미시즈, 미스] 킴?

4개 국어 여행회화

🇯🇵	🇨🇳
えいご はな 英語で話していいですか。 에-고데 하나시떼 이-데스까?	ké yǐ shuō yīng yǔ ma 可以说英语吗? 커이 슈어 잉유 마?
こちらはパクジミンです。 고찌라와 바꾸지민데스.	wǒ shì piáo zhì mín 我是朴智民。 워 슬 피아오 즐 민.
あと てんわ また後で電話します。 마따 아또데 뎅와시마스.	wǒ yí huì er zài dǎ 我一会儿再打。 워 이훨 짜이 다.
もしもし、キムさんですか。 모시모시 키무상데스까?	wèi shì jīn xiān sheng nǚ shì xiáo jiě ma 喂，是金先生（女士，小姐）吗? 웨이, 슬 찐 시엔셩 (뉴싀,샤오제) 마?

전화·통신

전화 표현

→ PART 10
전화·통신

• 끊지 말고 기다리세요.	Please hold the line. 플리-즈 호울드 더 라인.
일단 끊고 기다리세요.	Hang up and wait, please. 행 업 앤 웨이트 플리-즈.
메시지 전해 주세요.	May I leave a message please? 메이 아이 리브 어 메시쥐 플리즈.
시외 전화 부탁합니다.	I'd like to make a long-distance call. 아이드 라익 투 메이커 롱-디스턴스 콜-.

🇯🇵	🇨🇳
そのまま切らずにお待ちください。 소노 마마 키라즈니 오마찌 쿠다사이.	qǐngshāoděng, biéguàduàn 请稍等，别挂断。 칭샤오 덩, 비에 꽈 두안.
いったん切ってお待ちください。 잇딴 킷떼 오마찌 쿠다사이.	qǐngxiānguàduàn, shāoděng yí xià 请先挂断，稍等一下。 칭 시엔 꽈두안, 샤오덩이샤.
伝言をお伝えしましょうか。 뎅공오 오쯔따에 시마쇼-까?	nín kě yǐ bāng wǒ liúyán ma 您可以帮我留言吗? 닌 커이 빵워 리우이엔마?
長距離通話を願います。 쵸-쿄리 쯔-와오 네가이마스.	wǒ xiǎng dǎ ge cháng tú diàn huà 我想打个长途电话。 워 샹 다 거 창투디엔화.

전화·통신 　전화 표현

국제전화

🇰🇷	🇺🇸
한국에 전화하고 싶어요.	**I want to call Korea.** 아이 원투 콜- 코리어.
이 번호로 전화하는 방법을 알려 주세요.	**Please tell me how to call this number.** 플리-즈 텔 미- 하우 투 콜- 디스 넘버-.
시간은 얼마나 걸리죠?	**How long will it take?** 하우 롱 윌 잇 테이크?
요금은 착신자 지불로 해 주세요.	**Make this a collect call.** 메이크 디스 어 콜렉트 콜-.

○ 미리보는 여행지

Stonehenge, Avebury and Associated Sites

스톤헨지 유적

영국 (UNITED KINGDOM)

かんこく でんわ
韓国へ電話したい。

캉꼬꾸에 뎅와시타이.

wǒ xiǎng dǎ qù hánguó
我想打去韩国。

워 샹 다 취 한구어.

この番号に電話する方法を教えてください。

코노 방고-니 뎅와스루 호-호-오 오시에떼 쿠다사이.

qǐnggào su wǒ zěn me dǎ zhè ge hào mǎ
请告诉我怎么打这个号码。

칭 까오수 워 전머 다 쩌거 하오마.

じかん
時間はどのくらいかかりますか。

지깡와 도노꾸라이 카까리마스까?

yàoduōcháng shíjiān
要多长时间?

야오 뚜어창슬지엔?

りょうきん あいてばら
料金は相手払いにしてください。

료-낀와 아이떼바라이니 시떼 쿠다사이.

qǐngyòngduìfāng fù fèi de fāngshì
请用对方付费的方式。

칭 용 뚜이팡푸페이 더 팡슬.

전화 · 통신

국제전화

PART 10
전화·통신

요금은 제가 내겠습니다.	I'll pay for it here. 아일 페이 퍼 잇 히어.
응답이 없습니다.	There's no answer. 데어즈 노우 앤서.
전화요금은 얼마인가요?	How much was the charge? 하우 머치 워즈 더 차쥐?
제 방에서 직접 통화가 되나요?	Can I make a direct call from my room? 캔 아이 메이커 다이렉트 콜 프롬 마이룸?

りょうきん わたし はら **料金は私が払います。** 료-낀와 와따시가 하라이마스.	huàfèi wǒ lái fù **话费我来付。** 화페이 워 라이 푸.
だれ て **誰も出ません。** 다레모 데마셍.	méi rén jiē **没人接。** 메이 런 지에.
りょうきん **料金はいくらですか。** 료-낀와 이꾸라데스까?	diànhuàfèi duōshǎoqián **电话费多少钱?** 디엔화페이 뚜어샤오치엔?
わたし へ や ちょくせつつうわ **私の部屋で直接通話できますか。** 와타시노 헤야데 초꾸세쯔쯔-와 데끼마스까?	wǒ kě yǐ zhí jiē zài fáng jiān lǐ dǎ diànhuà ma **我可以直接在房间里打电话吗?** 워 커이 즈지에 짜이 퐝지엔 리 다 디엔화 마?

전화·통신 국제전화

03
우체국

	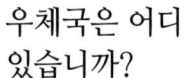
우체국은 어디 있습니까?	**Where is the post office?** 웨어 리즈 더 포스트 오피스?
우표 있습니까?	**Do you have postage stamps?** 두 유- 해브 포-스티지 스탬스?
이 편지를 항공편으로 보내 주세요.	**Please send this letter by air mail.** 플리즈 샌 디스 레터- 바이 에어 메일.
이 편지[소포]를 등기로 부쳐 주세요.	**Please register this letter[parcel].** 플리-즈 레지스터- 디스 레터-[파-슬].

Itchan Kala

이찬 칼라
우즈베키스탄 (UZBEKISTAN)

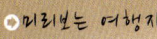

ゆうびんきょく 郵便局はどこですか。 유-빙쿄꾸와 도꼬데스까?	yóu jú zài nǎ lǐ 邮局在哪里? 요쥐 짜이 나리?
きって 切手はありますか。 킷떼와 아리마스까?	yǒu yóupiào ma 有邮票吗? 요우 요우피아오 마?
てがみ こうくうびん この手紙を航空便で出して下さい。 코노 테가미오 코-꾸-빙데 다시떼 쿠다사이.	zhè fēng xìn qǐng jì hángkōng kuàidì 这封信请寄航空快递。 쩌펑신 칭 지 항콩콰이띠.
てがみ こづつみ この手紙[小包]を書留にして下さい。 코노 테가미[코즈쯔미]오 카끼또메니 시떼 쿠다사이.	zhè fēng xìn zhè ge bāoguǒ qǐng jì guàhào jiàn 这封信(这个包裹)请寄挂号件。 쩌 펑신(쩌거 빠오구워) 칭 지 꽈하오지엔.

전화·통신

우체국

→ PART 10
전화·통신

이 물건을 한국으로 보내고 싶습니다.	I'd like to send this parcel to Korea. 아이드 라익 투 센 디스 파설 투 코리어.
한국에 도착하는데 며칠 걸리죠?	How long will it take to reach Korea? 하우 롱 윌 잇 테이크 투 리-치 코리어?
우편 요금은 얼마인가요?	How much is the postage? 하우 머취 이즈 더 포우스티쥐?
이 전보를 쳐 주세요.	Send this telegram, please. 센드 디스 텔러그램 플리-즈.

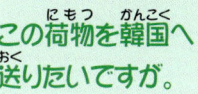

🇯🇵	🇨🇳
この荷物を韓国へ送りたいですが。 코노 니모쯔오 캉꼬꾸에 오꾸리따이데스가.	wǒ xiǎng bǎ zhè ge dōng xi jì dào hánguó 我想把这个东西寄到韩国。 워 샹 바 쩌거 똥시 찌따오 한구어.
何日で韓国へ着きますか。 난니찌데 캉꼬꾸에 쯔끼마스까?	jì dào hánguó xū yào jǐ tiān 寄到韩国需要几天? 지따오 한구어 슈야오 지티엔?
郵便料金はいくらですか。 유-빙료-낀와 이꾸라데스까?	yóu jì fèi yong duōshǎo 邮寄费用多少? 요우지 페이용 뚜어샤오?
この電報を打ってください。 코노 뎀뽀오 웃떼 쿠다사이.	qǐng bāng wǒ fā zhè fēng diàn bào 请帮我发这封电报。 칭 빵 워 퐈 쩌펑 띠엔바오.

전화·통신

우체국

알아두면 유용한 관련단어

공중전화	pay telephone 페이 텔러포운
교환	extension 익스텐션
국제 전화	international call 인터내셔널 콜
다이얼	dial 다이얼
메시지	message 메세지
발신인	sender 센더-
봉투	envelope 엔벌로우프
소포	parcel 파아쓸
속달	express delivery 익스프레스 딜리버리
수신인	addressee 애드레시-
수신자 지불통화	collect call 컬렉트콜-
시내 통화	local call 로우컬 콜-
연결	connection 커넥션
엽서	postcard 포우스트카-드

🇯🇵	🇨🇳
こうしゅうでんわ **公衆電話** 고-슈뎅와	gōngyòng diàn huà **公用电话** 공용디엔화
ないせん **内線** 나이셍	fēn jī / nèi xiàn **分机／内线** 펀지/네이시엔
こくさいでんわ **国際電話** 코쿠사이뎅와	guó jì diàn huà **国际电话** 구어지 띠엔화
ダイアル 다이아루	bō hào pán **拨号盘** 보하오판
ツセージ 메세지	xìn xī **信息** 신시
はっしんにん **発信人** 핫신닝	fā xìn rén **发信人** 퐈신런
ふうとう **封筒** 후-또-	xìn fēng **信封** 신펑
こづつみ **小包** 고즈쯔미	bāo guǒ **包裹** 바오 구어
そくたつ **速達** 소꾸따쯔	kuài dì **快递** 콰이띠
じゅしんにん **受信人** 쥬신닝	shōu xìn rén **收信人** 쇼우신런
コレクトコール 코레꾸토코-루	duì fāng fù fèi diàn huà **对方付费电话** 뚜이팡푸페이 디엔화
しないつうわ **市内通話** 시나이쯔-와	shì nèi tōng huà **市内通话** 슬네이 통화
れんけつ **連結** 렝케츠	lián xiàn **连线** 리엔시엔
はがき 하가끼	míng xìn piàn **明信片** 밍신피엔

알아두면 유용한 관련단어

🇰🇷	🇺🇸
우체국	post office 포우스트 오피스
우체통	mailbox 메일박스
우표	stamp 스탬프
우편	post 포우스트
우편요금	postage 포우스티쥐
전화	telephone 텔레포운
전화 요금	phone charge 폰 차쥐
전화박스	phone booth 포운 부-스
주소	address 어드레스
지급전보	urgent telegram 어-전트 텔러그램
지역번호	area code 에리어 코드
편지지	letter paper 레터- 페이퍼-
항공우편	airmail 에어메일
휴대전화	cellular phone 쎌룰러 포운

🇯🇵	🇨🇳
ゆうびんきょく **郵便局** 유-빙 쿄꾸	yóu jú **邮局** 요우쥐
ゆうびん **郵便ポスト** 유-빙 포스토	yóu tǒng **邮筒** 요우퉁
きって **切手** 긷떼	yóu piào **邮票** 요우피아오
ゆうびん **郵便** 유-빙	yóu jiàn **邮件** 요우 지엔
ゆうぜい **郵税** 류-제	yóu zī **邮资** 요우 쯔
でんわき **電話機** 뎅와끼	diàn huà **电话** 디엔 화
でんわりょうきん **電話料金** 뎅와료-낀	diàn huà fèi **电话费** 띠엔화페이
でんわ **電話ボックス** 뎅와복쿠스	diàn huà tíng **电话亭** 띠엔화팅
あてさき **宛先** 아떼사끼	dì zhǐ **地址** 띠즐
しきゅうでんぽう **至急電報** 시뀨-뎀뽀-	jiā jí diàn bào **加急电报** 찌아지 띠엔빠오
ちいきばんごう **地域番号** 치이끼방고-	qū hào **区号** 취하오
びんせん **便箋** 빈셍	xìn zhǐ **信纸** 신즐
こうくうゆうびん **航空郵便** 고쿠유-빙	hángkōng yóu jiàn **航空邮件** 항콩요우지엔
けいたいでんわ **携帯電話** 케-타이뎅와	shǒu jī **手机** 쇼우지

part 11

미용 . 이발

hair salon & barber

01 미용실 표현

02 이발소 표현

01 미용실 표현

어떤 스타일로 해 드릴까요?	How should I style it? 하우 슈다이 스타일 릿?
조금만 다듬어 주세요.	Just trim it, please. 저스트 트림 잇 플리- 즈.
머리 감고 세트해 주세요.	Shampoo and set, please. 샴푸- 앤 셋 플리-즈.
부드러운[강한] 퍼머를 해 주세요.	A soft[tight] permanent, please. 어 소프트[타이트] 퍼-머넌트 플리-즈.

Persepolis

페르세폴리스
이란 (IRAN)

🇯🇵	🇨🇳
どんなスタイルがいいですか。 돈나 스타이루가 이-데스까?	xiǎng jiǎn chéng shén me yàng er de? 想剪成什么样儿的? 샹 지엔청 션머양 더?
少しだけ刈ってください。 스꼬시다께 캇떼 쿠다사이.	bāng wǒ xiū yí xià。 帮我修一下。 빵 워 시우이샤.
洗ってセットしてください。 아랏떼 셋또시떼 쿠다사이.	qǐng bāng wǒ xǐ ge tóu, zuò ge tóu fa。 请帮我洗个头,做个头发。 칭 빵 워 시거토우, 쪼어거토우퐈.
かるく(きつく)パーマしてください。 카루꾸[키쯔꾸] 파-마시떼 쿠다사이.	shāo wēi tàng yì diǎn er。/ tàng juǎn yì diǎn er。 稍微烫一点儿。/ 烫卷一点儿。 샤오웨이 탕 이디알/탕 쥐엔 이디알.

미용·이발

미용실 표현

PART 11
미용·이발

새로운 스타일로 해 주세요.	I need a new hair style. 아이 니더 뉴 헤어 스타일.
커트해 주세요.	I'd like a cut. 아이드 라이커 컷.
뒷머리를 10cm 잘라 주세요.	Shorten it in back by about 10 centimeters. 쇼튼 잇 인백 바이 어바웃 텐 센티미터즈.
샴푸 요금은 별도입니까?	Is there an extra charge for shampooing? 이즈 데어런 엑스트라 차쥐 포 샴푸잉?

新しいスタイルにしてください。 あたらしいスタイルにしてください。 아타라시- 스타이루니 시떼쿠다사이.	bāng wǒ jiǎn gè xīn fà xíng 帮我剪个新发型。 빵 워 지엔 거 신 퐈싱.
カットしてください。 캇도시떼 쿠다사이.	qǐngbāng wǒ jiǎn gè tóu fà 请帮我剪个头发。 칭빵워지엔거토우-파.
後ろ髪を10センチ切ってください。 うしろがみを10センチきってください。 우시로 가미오 쥿센찌 킷떼 쿠다사이.	qǐng bǎ hòumiàn de tóu fà jiǎn diàoshí lí mǐ zuǒyòu 请把后面的头发剪掉10厘米左右。 칭 바 호우미엔 더 토우퐈 지엔띠아오 슬리미 조요우.
シャンプー代は別ですか。 シャンプーだいはべつですか。 샴푸- 다이와 베쯔데스까?	xǐ fà jīng de qiánlìngsuàn ma 洗发精的钱另算吗? 시파징 더 치엔 링 쑤안 마?

미용이발

미용실 표현

333

이발소 표현

짧게 잘라 주세요.	Cut it short, please. 커릿 쇼-트 플리-즈.
이발하고 면도를 해 주세요.	Haircut and shave, please. 헤어컷 앤 쉐이브 플리-즈.
뒤는 너무 짧지 않게 해 주세요.	Not too short in the back. 낫 투 숏 인 더 백.
머리 좀 감겨 주세요.	I want a shampoo, please. 아이 원터 샴푸, 플리즈.

Ancient Thebes with its Necropolis

고대 테베와 네크로폴리스
이집트 (EGYPT)

短く刈って下さい。
미지까꾸 캇떼 쿠다사이.

请剪短一点儿。
칭 지엔 두안이디알.

散髪とひげ剃りをお願いします。
산빠쯔또 히게소리오 오네가이시마스.

帮我剪个头发,
刮个胡子。
빵 워 지엔거 토우퐈, 꽈 거 후즈.

後は 短すぎないようにしてください。
우시로와 미지까스기나이요-니 시떼 쿠다사이.

后面不要 剪得太短。
호우미엔 부야오 지엔 더 타이 두안.

シャンプーをしてください。
샨푸-오 시떼 쿠다사이.

请给我洗洗头。
칭게이워 시시터우.

미용 이발

이발소 표현

→ PART 11
미용·이발

드라이어로 말려 주세요.	Just blow-dry it please. 저스트 블로우드라이 잇 플리즈.
염색하고 싶어요.	I want to change my color. 아이 원 투 체인지 마이 컬러.
얼마죠?	How much is it? 하우 머취 이즈 잇?
팁은 포함된 건가요?	Does that include the tip? 더즈 댓 인클루-드 더 팁?

ドライヤーで乾(かわ)かしてください。 도라이야-데 카와카시테 쿠다사이.	yòng chuī fēng jī chuī gān 用吹风机吹干。 용 추이펑지 츄이 간.
カラーリングしてください。 카라-린구 시떼 쿠다사이.	wǒ xiǎng rǎn tóu fa 我想染头发。 워 샹 란 터우파.
いくらですか。 이꾸라데스까?	duō shǎo qián 多少钱? 뚜어샤오치엔?
チップ込(こ)みですか。 칩뿌코미데스까?	bāo kuò xiǎo fèi ma 包括小费吗? 빠오쿠어 샤오페이 마?

미용이발

이발소 표현

알아두면 유용한 관련단어

🇰🇷	🇺🇸
가는 머리	fine hair 화인 헤어
가발	wig 윅
굵은 머리	thick hair 씩 헤어
린스	conditioner 컨디셔너
머리 감기	shampoo 샴푸
머리를 염색하다	get one's hair dyed 겟 원스 헤어 다이드
미용사	hairdresser 헤어드레서
미용실	beauty parlor/ hair salon 뷰티 팔러/헤어 살롱
이발	haircut 헤어컷
이발소	barber 바-버
헹구다	rinse 린스

🇯🇵	🇨🇳
ほそ かみ **細い髪** 호소이 카미	suì tóu fà **碎头发** 수이토우퐈
かつら 카쯔라	jiǎ fà **假发** 찌아퐈
ふと かみ **太い髪** 후또이 카미	nóng mì de tóu fà **浓密的头发** 농미 더 토우퐈
リンス 린스	hù fà sù **护发素** 후퐈수
せんぱつ **洗髪** 센빠쯔	xǐ tóu fà **洗头发** 시토우퐈
かみ そ **髪を染める** 카미오 소메루	rǎn tóu fà **染头发** 란토우퐈
びようし **美容師** 비요-시	zào xíng shī **造型师** 쟈오싱슬
びようしつ **美容室** 비요-시쯔	měi fà tīng **美发厅** 메이퐈팅
さんぱつ **散髪** 산빠쯔	lǐ fà **理发** 리퐈
とこや **床屋** 토코야	lǐ fà diàn **理发店** 리퐈디엔
すすぐ 스스구	chōng xǐ **冲洗** 총시

part 12

긴급 상황

emergency

01   분실
02   도난
03   재난 · 재해
04   교통사고

긴급 상황 가이드

고가의 제품은 호텔 카운터나 보관 업체에 맡기면 분실사고 발생 시에 보상을 받을 수 있다. 현금이나 카드, 여행자수표는 여러 곳에 나누어 보관하고 가방은 몸 앞에 메고 식사나 휴식을 취할 때는 되도록 본인의 무릎에 두는 것이 좋다.

※ 여권을 분실했을 때

❶ 가까운 경찰서에 POLICE REPORT(분실증명 확인서)를 받는다.
❷ 현지 공관(한국 영사관)에 가서 다음과 같은 서류를 발급받는다.

> 사진
> 여권 분실증명서
> 여권번호와 발행 연월일
> 여행증명서(Travel Certificate)
> 입국 증명서(입국 증명이 되지 않으면 출국할 수 없는 경우가 있음)

여행증명서만으로는 다음 여행이 불가능하며 바로 귀국한다. 계속 여행할 시는 경유지란에 다음 목적지를 명기해 계속 여행할 수 있도록 한다. 이 경우 다음 여행국의 VISA 관련 사항도 확인하여 VISA가 필요할 때는 현지에서 다음 여행국의 VISA를 받을 수 있도록 한다.

여권 분실로 인한 입국 확인(입국 STAMP)을 위해 사전에 또는 공항에서 출국할 때 입국 STAMP를 받을 수 있는지를 확인해야 한다.

★ 항공권을 분실했을 때

해당 항공사의 현지 사무실에서 Lost Ticket Re-issue를 신청하면 현지에서 받을 수 있다. 받을 수 있는 시간은 항공사마다 다르며, 재발급 시 필요한 서류는 항공권 번호와 발권연월일, 구간을 알아야 하므로 미리 수첩에 기록해 두는 것이 필요하다.

★ 현금을 분실했을 때

현금을 분실했을 때는 거의 되찾을 수 없다고 생각하는 게 좋다. 이때는 신속해외송금 지원제도를 이용해 볼만하다. 이 제도는 해외여행 중 도난이나 분실 등으로 일시적 궁핍한 상황에 놓였을 경우 국내에 있는 지인이 외교통상부 계좌로 입금하면 해당 공관에서 현지화로 전달하는 것이다.

★ 신용카드를 도난, 분실했을 때

신용카드는 분실 후 타인이 부정 사용했을 때 카드에 사인을 했는지가 매우 중요한 요소로 작용하므로 반드시 카드 뒷면에 자필 사인을 하고 사용해야 한다. 도난이나 분실했을 때는 가장 먼저 카드사에 알리고 정지시킨다. 도난 신고를 한 날로부터 60일 이전의 결제까지만 보상을 받을 수 있다.

01 분실

🇰🇷	🇺🇸
비상구는 어디죠?	**Where's the emergency exit?** 웨어즈 디 이머전시 엑짓?
길을 잃어버렸습니다.	**I'm lost.** 아임 로스트.
여권을 잃어버렸습니다.	**I lost my passport.** 아이 로스트 마이 패스폿.
여행자 수표를 잃어버렸어요.	**I lost my traveler's checks.** 아이 로스트 마이 트래블러-즈 첵스.

◎미리보는 여행지

Piazza del Duomo, Pisa

피사의 두오모 광장
이탈리아 (ITALY)

🇯🇵	🇨🇳
ひじょうぐち **非常口はどこ?** 히죠-구찌와 도꼬?	jǐn jí chūkǒu zài nǎ lǐ **紧急出口在哪里?** 징치 추크오 짜이 나리?
わたし みち まよ **私は道に迷っています。** 와따시와 미찌니 마욧떼 이마스.	wǒ mí lù le **我迷路了。** 워 미루 러.
パスポートをなくしました。 파스뽀-또오 나꾸시마시따.	wǒ diū le hù zhào **我丢了护照。** 워 띠우 러 후짜오.
トラベラーズチェックをなくしました。 토라베라-즈첵꾸오 나꾸시마시따.	wǒ diū le lǚ xíng zhī piào **我丢了旅行支票。** 워 띠우러 류싱즐피아오.

긴급 상황 — 분실

345

→ PART 12
긴급 상황

 /

누구에게 알려야 하죠?	**Whom should I inform?** 훔- 슈드 아이 인폼-?
분실물센터는 어디죠?	**Where is the lost and found?** 웨어리즈 더 로스트 앤 파운드?
긴급 상황이에요!	**It's an emergency!** 잇츠 언 이머전시!
엘리베이터에 갇혀 있어요.	**I'm stuck in the elevator.** 아임 스턱 인디 엘리베이터.

<ruby>誰<rt>だれ</rt></ruby>に<ruby>知<rt>し</rt></ruby>らせればいいですか。 다레니 시라세레바 이-데스까?	yīng gāi gào su shuí 应该告诉谁? 잉가이 까우수 쉐이?
<ruby>遺失物<rt>いしつぶつ</rt></ruby>センターはどこですか。 이시쯔부쯔 센타와 도꼬데스까?	shī wù zhāolǐng chù zài nǎ lǐ? 失物招领处在哪里? 슬우쟈오링추 짜이 나리?
<ruby>緊急<rt>きんきゅう</rt></ruby>です! 킹큐-데스!	jǐn jí qíngkuàng 紧急情况! 진지 칭쾅!
エレベーターに<ruby>閉<rt>と</rt></ruby>じ<ruby>込<rt>こ</rt></ruby>められました。 에레베-타-니 토지 코메라레마시따.	wǒ bèi guān zài diàn tī lǐ le 我被关在电梯里了。 워 뻬이 관짜이 띠엔티 리 러.

긴급 상황

분실

02 도난

🇰🇷	🇺🇸
도와 주세요!	Help me! 헬프 미!
멈춰, 도둑이야!	Stop! Thief! 스탑! 씨프!
소매치기를 당했어요.	I was pickpocketed. 아이 워즈 픽파키티드.
지갑을 훔쳐 갔어요.	My wallet was stolen. 마이 월릿 워즈 스토울런.

Agra Fort

아그라 요새
인도 (INDIA)

<ruby>助<rt>たす</rt></ruby>けて! 타스께떼!	qǐngbāngbāng wǒ 请帮帮我! 칭 빵빵 워!
<ruby>待<rt>ま</rt></ruby>て! どろぼう! 마떼! 도로보-!	zhànzhù xiǎotōu 站住。小偷! 짠쭈. 샤오토우!
すりにやられました。 스리니 야라레마시따.	wǒ bèi tōu le 我被偷了。 워 뻬이 토우 러.
<ruby>財布<rt>さいふ</rt></ruby>を<ruby>盗<rt>ぬす</rt></ruby>まれました。 사이후오 누스마레마시따.	wǒ de qiánbāo bèi tōu le 我的钱包被偷了。 워 더 치엔빠오 뻬이 토우 러.

긴급 상황

도난

→ PART 12
긴급상황

경찰에 연락해 주세요.	Get me the police. 겟 미 더 폴리스.
도난 신고를 하고 싶습니다.	I'd like to report a theft. 아이드 라익 투 리포터 쎄프트.
어디서 잃어버렸는지 기억이 안 납니다.	I'm not sure where I lost it. 아임 낫 슈얼 웨어라이 로스팃.
도난 증명서를 만들어 주세요.	Please make out a theft report. 플리-즈 메이크 아우러 데프트 리포-트.

けいさつ 警察につないでください。 케-사쯔니 쯔나이데 쿠다사이.	qǐng bāng wǒ bào jǐng 请帮我报警。 칭 빵 워 빠오징.
とうなんとどけ　だ 盗難届を出したいんですが。 토-난토도께오 다시타인데스가.	wǒ xiǎng bào shī 我想报失。 워 샹 빠오-슬.
どこでなくしたか おぼ 覚えていません。 도꼬데 나꾸시따까 오보에떼 이마셍.	wǒ bù zhī dào zài nǎ lǐ 我不知道在哪里 diū 丢。 워 뿌 쯔따오 짜이 나리 띠우.
とうなんしょうめいしょ　つく 盗難証明書を作ってください。 토-난쇼-메-쇼오 쯔꿋떼 쿠다사이.	qǐng gěi wǒ yí fèn shī qiè 请给我一份失窃 zhèng míng 证明。 칭 게이 워 이펀 슬치에쩡밍.

긴급 상황

도난

03 재난·재해

🇰🇷	🇺🇸
불이야!	Fire! 파이어!
지진이 났어요.	It's an earthquake. 잇츠 언 어스퀘익.
홍수가 났어요.	It's flooding. 잇츠 플러딩.
빨리 피해요.	Run! 런!

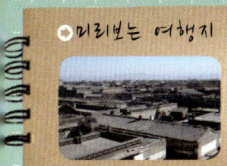

Ancient City of Ping Yao

핑야오 고대도시
중국 (CHINA)

🇯🇵 / 🇨🇳

^{か じ}
火事だ!
가지다!

^{zháohuǒ le}
着火了!
자오 훠 러!

---

^{じ しん}
地震です。
지신데스.

^{dì zhèn le}
地震了。
띠전 러.

---

^{こうずい}
洪水です。
고-즈이데스.

^{fā hóngshuǐ le}
发洪水了。
파 훙수이 러.

---

^は ^に
早やく逃げましょう。
하야꾸 니게마쇼-.

^{kuài duǒkāi}
快躲开!
콰이 둬카이!

긴급 상황

재난 · 재해

353

04 교통사고

교통사고를 당했어요.	I was in a car accident. 아이 워즈 이너 카 액시던.
구급차를 불러 주세요.	Please call an ambulance! 플리즈 콜 언 앰뷸런스!
다친 사람이 있습니다.	There is an injured person here. 데어리즈 언 인쥬어드 퍼슨 히얼.
사고를 냈습니다.	I've had an accident. 아이브 해던 액시던.

Himeji-jo

히메지조
일본 (JAPAN)

こうつうじ こ **交通事故にあいました。** 고-쯔-지꼬니 아이마시따.	bèi zhuāngchē le **被装车了。** 뻬이 쭈왕처 러.
きゅうきゅうしゃ よ **救急車を呼んでください。** 규-뀨-샤오 욘데 쿠다사이.	qǐng jiào jiù hù chē **请叫救护车。** 칭 찌아오 찌우후처.
にん **ケガ人がいます。** 게가닝가 이마스.	yǒu shòushāng de rén **有受伤的人。** 요우 쇼우샹 더 런.
じ こ お **事故を起こしました。** 지꼬오 오꼬시마시따.	wǒ chū jiāotōng shì gù le **我出交通事故了。** 워 추 찌아오통슬구러.

긴급 상황

교통사고

355

알아두면 유용한 관련단어

경관	policeman 폴리-스먼
경비원	security guard 시큐리티 가드
귀금속	precious metals 프레셔스 메틀즈
도난	theft 세프트
분실물	lost article 로스트 아티클
사고	acciden 엑시던트
순찰차	patrol car 패트로울 카-
여권	passport 패스포-트
지갑	purse / wallet 퍼-스 / 왈리트
파출소	police box 폴리-스 박스
한국대사관	Korean Embassy 커리언 엠버시-
현금	cash 캐시

けいさつかん **警察官** 케-사쯔깐	jǐng guān **警官** 징관
けいびいん **警備員** 케-비잉	bǎo ān / jǐng wèi **保安／警卫** 바오안/징웨이
ききんぞく **貴金属** 키낀조꾸	guì zhòng jīn shǔ **贵重金属** 꾸이쫑 진슈
とうなん **盗難** 토-난	shī qiè **失窃** 슬치에
ふんしつぶつ **紛失物** 훈시쯔부쯔	yí shī wù pǐn **遗失物品** 이슬우핀
じこ **事故** 지코	shì gù **事故** 슬구
パトカー 파토카-	xún luó chē **巡逻车** 쉰루어처
パスポート 파스포-또	hù zhào **护照** 후자오
さいふ **財布** 사이후	qián bāo **钱包** 치엔빠오
こうばん **交番** 코-방	pài chū suǒ **派出所** 파이추소우
かんこくたいしかん **韓国大使館** 캉꼬꾸 타이시깐	hán guó dà shǐ guǎn **韩国大使馆** 한구어따슬관
げんきん **現金** 겡낀	xiàn jīn **现金** 시엔진

part 13

귀국

return from abroad

01 예약 확인

02 공항으로 갈 때

03 출국 절차

귀국 가이드

★ 짐정리

출발하기 전에 맡길 짐과 기내로 가지고 들어갈 짐을 나누어 꾸리고 토산품과 구입한 물건의 품명·금액 등에 대한 목록을 만들어 두면 좋다.

★ 예약 재확인

귀국할 날이 정해지면 미리 좌석을 예약해 두어야 한다. 또 예약을 해 두었을 경우에는 출발 예정 시간의 72시간 이전에 예약 재확인을 한다. 항공사의 사무소나 공항 카운터를 찾아가든지 아니면 전화로 이름, 연락 전화번호, 편명, 행선지를 말하면 확인해 준다. 재확인을 안 하면 예약이 취소되는 경우도 있으므로 주의해야 한다.

★ 체크인

귀국 당일은 출발 2시간 전까지 공항에 나가서 체크인을 마쳐야 한다. 출국 절차는 매우 간단하다. 터미널 항공사 카운터에 가서 여권, 항공권, 출입국카드(입국시 여권에 붙여놓았던 것)를 제시하면 직원이 출국카드를 떼어내고 비행기의 탑승권을 준다. 동시에 화물편으로 맡길 짐도 체크인하면 화물 인환증을 함께 주므로 잘 보관해야 한다.

항공권에 공항세가 포함되지 않았을 경우에는 출국 공항세를 지불해야 하는 곳도 있다. 그 뒤는 보안검사, 수화물 X선 검사를 받고 탑승권에 지정되어 있는 탑승구로 가면 된다. 면세품을 사려면 출발 로비의 면세점에서 탑승권을 제시하고 구입하면 된다.

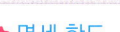

★ 면세 한도

우리나라에 입국하는 내외국인 여행자는 해외에서 취득한 물품 및 구입 물품의 총 가격이 미화 400달러 미만인 경우 면세가 적용된다. 400달러가 넘는 물품은 반드시 세관에 신고를 해야 가산세와 벌금 부과, 세금 사후 추징 등의 불이익을 당하지 않게 된다. 또한 국내에서 구입한 고가의 시계와 가방, 골프채 등을 가지고 출국할 때도 신고를 하는 것이 재입국할 때 과세 문제를 방지하는 방법이다.

아래의 물품은 일반 해외여행자 휴대품 면세한도에 포함되지 않으므로 무조건 면세 받을 수 있다.

품목		단위	비고
주류		미화 400달러 이하 1병 (용량 1리터 이하)	단, 만 19세 미만의 미성년자가 반입하는 주류 및 담배는 제외
담배	궐련	200개비 (20개비 10갑, 1보루)	
	엽궐련	50개비	
	기타담배	50g	
향수		60ml	
기타		여행자가 출국할 때 반출신고한 물품으로 본인이 재반입하는 물품 정부, 지방자치단체, 국제기구간에 기증 또는 통상적 선물용품으로 세관장이 타당하다고 인정하는 물품	

조건부면세 : 일시 입국하는 자가 본인이 사용하고 재수출할 목적으로 직접 휴대하여 수입하거나 별도 수입하는 신변용품 및 직업용품으로써 세관장이 재반출 조건부로 일시 반입을 허용하는 물품

01 예약 확인

비행기 예약을 확인해 주세요.	I'd like to reconfirm a reservation. 아이드 라익 투 리컨펌- 어 레저베이션.
한국에서 예약했습니다.	I reserved my flight in Korea. 아이 리절브드 마이 플라잇 인 코리아.
이름은 찰리 브라운입니다.	The name is Charlie Brown. 더 네임 이즈 찰리 브라운.
예약을 바꾸고 싶어요.	I want to change my reservation. 아이 원투 체인지 마이 레저베이션.

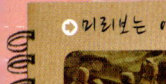

Mausoleum of the First Qin Emperor

진시황릉
중국 (CHINA)

🇯🇵	🇨🇳
ひこうきの よやくを さいかくにん したいです。 飛行機の予約を再確認したいです。 히꼬-끼노 요야꾸오 사이까꾸닝 시따이데스.	wǒ xiǎng quèrèn yí xià yù dìng de fēi jī piào 我想确认一下预订的飞机票。 워 샹 취에런이샤 위딩더 페이지피아오.
かんこくで よやくしたのですが。 韓国で予約したのですが。 강꼬꾸데 요야꾸시따노데스가.	wǒ zài hánguó yù yuē le 我在韩国预约了。 워 짜이 한궈 위위에 러.
なまえは チャリーブラウンです。 名前はチャリーブラウンです。 나마에와 챠리브라운데스.	míng zi shì 名字是 Charlie Brown。 밍즈 슬 챨리 브라운.
よやくを へんこうしたいです。 予約を変更したいです。 요야꾸오 헹꼬-시따이데스.	wǒ xiǎng gēnggǎi yù dìng 我想更改预订。 워 샹 껑가이 위딩.

귀국

예약 확인

363

PART 13
귀국

비행편을 변경할 수 있겠습니까?	Can I change my flight? 캔 아이 췌인지 마이 플라잇?
예약을 취소하겠습니다.	I'd like to cancel my reservation. 아이드 라익투 캔슬 마이 레저베이션.
취소 대기자로 해 주세요.	Will you put my name on the waiting list? 윌유 풋 마이 네임 온더 웨이팅 리스트?
다른 항공사 비행기를 확인해 주세요.	Please check other airlines. 플리즈 첵 아더 에어라인스.

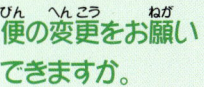

4개국어 여행회화

🇯🇵	🇨🇳
びんの へんこうを おねがいできますか。 便の変更をお願いできますか。 빈노 헹꼬-오 오네가이 데끼마스까?	wǒ néng huàn hángbān ma 我能换航班吗? 워 넝 환 항빤 마?
よやくを とりけしたいです。 予約を取り消したいです。 요야꾸오 토리케시따이데스.	wǒ yào qǔ xiāo yù dìng 我要取消预订。 워 야오 취샤오 위딩.
キャンセルまちにしてください。 キャンセル待ちにしてください。 캰세루마찌니 시떼 쿠다사이.	qǐng bǎ wǒ jiā jìn děnghòu de rén lǐ 请把我加进等候的人里。 칭 바 워 찌아진 덩호우 더 런 리.
ほかの かいしゃの びんを しらべてください。 他の会社の便を調べてください。 호까노 가이샤노 빙오 시라베떼 쿠다사이.	qǐng kàn yí xià bié de háng kōnggōng sī de fēi jī 请看一下别的航空公司的飞机。 칭 칸 이샤 비에더 항콩 꽁쓰 더 페이지.

귀국

예약 확인

공항으로 갈 때

🇰🇷	🇺🇸
공항까지 가 주세요.	**Take me to the airport, please.** 테익 미 투 디 에어폿, 플리즈.
공항까지 얼마나 걸립니까?	**How long will it take to get to the airport?** 하우 롱 윌릿 테익 투 겟 투 디 에어폿?
공항까지 얼마나 나옵니까?	**How much will it cost to the airport?** 하우 머취 윌 잇 코스 투 디 에어폿?
빨리 가 주세요. 늦었습니다.	**Please hurry. I'm late, I am afraid.** 플리즈 허리 아임 레잇 아이 엠 어프레잇.

미리보는 여행지

Historic Centre of Prague

프라하 역사지구
체코 (CZECH REPUBLIC)

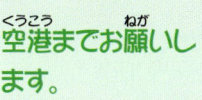

🇯🇵	🇨🇳
空港までお願いします。 쿠-꼬-마데 오네가이시마스.	请到机场去。 칭 따오 찌창 취.
空港までどのぐらいかかりますか。 쿠-꼬-마데 도노구라이 카까리마스까?	从这儿到机场要几个小时? 총 쩔 따오 찌창 야오 지거 샤오스?
空港までいくらですか。 쿠-꼬-마데 이꾸라데스까?	从这儿到机场大概多少钱? 총 쩔 따오 찌창 따까이 뚜어 샤오치엔?
急いでください。遅れているんです。 이소이데 쿠다사이 오꾸레떼 이룬데스.	请快一点。我已经晚了。 칭 콰이 이디엔 워 이찡 우안 러.

귀국 — 공항으로 갈 때

367

03 출국 절차

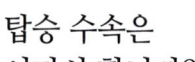 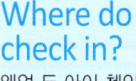

탑승 수속은 어디서 합니까?	Where do I check in? 웨얼 두 아이 첵인?
하나항공 카운터는 어디입니까?	Where is the Hana Airlines counter? 웨어리즈 더 하나 에어라인즈 카운터?
이 짐을 C항공 카운터로 운반해 주십시오.	Take this baggage to the counter of C Air Lines please. 테이크 디스 배기지 투 더 카운터 어브 씨 에어라인즈 플리즈.
짐은 전부 3개입니다.	I have 3 pieces of baggage. 아이 해브 쓰리 피-시즈 어브 배기지.

Rapa Nui National Park

라파 누이 국립공원
칠레 (CHILE)

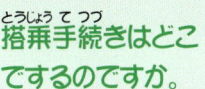

とうじょう て つづ **搭乗手続きはどこでするのですか。** 도-죠-떼쯔즈끼와 도꼬데 스루노데스까?	zài nǎ lǐ bàn lǐ dēng jī **在哪里办理登机** shǒu xù **手续?** 짜이 나리 빤리 떵찌 쇼우쉬?
こうくう **ハナ航空のカウンターはどこですか。** 하나코-꾸-노 카운타-와 도꼬데스까?	hā nà hángkōnggōngsī **哈纳航空公司** de guì tái zài nǎ lǐ **的柜台在哪里?** 하나항콩꽁쓰 더 꾸이타이 짜이 나리?
こうくう **シー航空のカウンタ** にもつ　　はこ **ーへこの荷物を運んでください。** 시-코-꾸-노 카운타-에 코노니모쯔오 하꼰데 쿠다사이.	qǐng bǎ zhè jiàn xíng li sòng **请把这件行李送** dào hángkōnggōngsī de **到C航空公司的** guì tái tuōyùn **柜台托运。** 칭 바 쪄지엔 싱리 쏭따오 c항 콩꽁쓰 더 꾸이따이 투어윈.
にもつ　　ぜんぶ　　さんこ **荷物は全部で3個です。** 니모쯔와 젬부데 산꼬데스.	yí gòng sān jiàn xíng li **一共三件行李。** 이공 산지엔 싱리.

귀국

출국 절차

→ PART 13
귀국

창쪽[통로쪽] 자리로 해 주십시오.	Window [Aisle] seat, please. 윈도우 [아일] 씨-트 플리-즈.
이 가방을 기내로 가져갈 수 있나요?	Can I carry this bag into the cabin? 캔 아이 캐리 디스 백 인투 더 캐빈?
이 비행기는 예정대로 떠납니까?	Will this flight leave on time? 윌 디스 플라이트 리-브 온 타임?
탑승 시작은 언제입니까?	When is the boarding time? 웬 이즈 더 보-딩 타임?

<ruby>窓側<rt>まどがわ</rt></ruby><ruby>通路側<rt>つうろがわ</rt></ruby>の<ruby>席<rt>せき</rt></ruby>にしてください。 마도[쯔-로] 가와노 세끼니 시떼 쿠다사이.	qǐng gěi wǒ chuāng biān guò dào biān de zuò wèi 请给我窗边(过道边)的座位。 칭 게이 워 추앙비엔(꾸어따오비엔) 더 쪼어웨이.
このかばんは<ruby>機内<rt>きない</rt></ruby>に<ruby>持<rt>も</rt></ruby>ち<ruby>込<rt>こ</rt></ruby>めますか。 코노 카방와 키나이니 모찌코메마스까?	zhè ge bāo ké yǐ dài shàng fēi jī ma 这个包可以带上飞机吗? 쩌거 빠오 커이 따이 샹 페이지 마?
この<ruby>便<rt>びん</rt></ruby>は<ruby>予定通<rt>よていどお</rt></ruby>り<ruby>出<rt>で</rt></ruby>ますか。 코노 빙와 요떼-도-리 데마스까?	běn cì háng bān jiāng àn yù dìng shí jiān qǐ fēi 本次航班将按预定时间起飞。 번츠항반 찌양 안위딩더 슬지엔 치페이.
<ruby>搭乗開始<rt>とうじょうかいし</rt></ruby>は<ruby>何時<rt>なんじ</rt></ruby>ですか。 토-죠-카이시와 난지데스까?	shén me shí hou kāi shǐ dēng jī 什么时候开始登机? 션머슬호우 카이슬 떵지?

귀국

출국 절차

371

→ PART 13
귀국

어느 정도 늦어집니까?	**How long will it be delayed?** 하우 롱 윌 잇 비- 딜레이드?
몇 번 게이트로 가야 합니까?	**Which gate I should go?** 위치 게이트 아이 슈드 고?
24번 게이트는 어디입니까?	**Where is the Gate 24?** 웨어리즈 더 게이트 트웬티 포어?
체크인은 몇 시에 시작합니까?	**What time do you start check-in?** 왓 타임 두 유 스탓 첵인?

どのくらい遅れますか。 도노 꾸라이 오꾸레마스까?	huì chí dào duō cháng shí jiān 会迟到多长时间? 회이 츠다오 뚜어창슬지엔?
何番ゲートへ行けばいいですか。 남방 게-또에 이께바 이이데스까?	yào qù jǐ hào dēng jī kǒu 要去几号登机口? 야오 취 지하오 떵지코우?
24番ゲートはどこですか。 니쥬-욤방 게-또와 도꼬데스까?	èr shí sì hào dēng jī kǒu zài nǎ lǐ 24号登机口在哪里? 얼스쓰 하오 덩지코우 짜이 나리?
チェックインは何時からですか。 첵꾸인와 난지까라데스까?	jǐ diǎn kāi shǐ dēng jī 几点开始登机? 지디엔 카이슬 떵지?

귀국

출국 절차

part 14

기본 용어

basic vocabulary

01	숫자
02	단위
03	방향 · 위치
04	계절 · 월 · 요일
05	시간 · 날짜
06	색깔
07	국가명
08	가족 · 인칭
09	직업

01 숫자

🇰🇷	🇺🇸
0	**zero** 지로우
1 (첫번째)	**one (first)** 원 (퍼-스트)
2 (두 번째)	**two (second)** 투- (세컨드)
3 (세 번째)	**three (third)** 쓰리 (써드)
4 (네 번째)	**four (fourth)** 포- (포-스)
5 (다섯 번째)	**five (fifth)** 파이브 (피프스)
6 (여섯 번째)	**six (sixth)** 씩스 (씩스)
7 (일곱 번째)	**seven (seventh)** 세븐 (세븐스)
8 (여덟 번째)	**eight (eighth)** 에잇 (에이츠)
9 (아홉 번째)	**nine (ninth)** 나인 (나인스)
10 (열 번째)	**ten (tenth)** 텐 (텐스)

Longmen Grottoes

용문석굴
중국 (CHINA)

🇯🇵	🇨🇳
れい 零 레이	líng 零 링
いち 一 이찌	yī　dì　yī 一（第一） 이(띠이)
に 二 니	èr　dì　èr 二（第二） 얼(띠얼)
さん 三 산	sān　dì　sān 三（第三） 싼(띠싼)
しょん 四 시, 욘	sì　dì　sì 四（第四） 쓰(띠쓰)
ご 五 고	wǔ　dì　wǔ 五（第五） 우(띠우)
ろく 六 로꾸	liù　dì　liù 六（第六） 리우(띠리우)
しちなな 七 시찌, 나나	qī　dì　qī 七（第七） 치(띠치)
はち 八 하찌	bā　dì　bā 八（第八） 빠(띠빠)
きゅうく 九 큐-, 쿠	jiǔ　dì　jiǔ 九（第九） 지우(띠찌우)
じゅう 十 쥬-	shí　dì　shí 十（第十） 슬(띠슬)

숫자

기본 용어

PART 14
기본 용어

11 (열한 번째)	**eleven (eleventh)** 일레븐 (일레븐스)
12 (열두 번째)	**twelve (twelfth)** 트웰브 (트웰프스)
13 (열세 번째)	**thirteen (thirteenth)** 써-틴- (써-틴스)
14 (열네 번째)	**fourteen (fourteenth)** 포-틴- (포-틴스)
15 (열다섯 번째)	**fifteen (fifteenth)** 피프틴- (피프틴스)
16 (열여섯 번째)	**sixteen (sixteenth)** 씩스틴- (씩스틴스)
17 (열일곱 번째)	**seventeen (seventeenth)** 세븐틴 (세븐틴스)
18 (열여덟 번째)	**eighteen (eighteenth)** 에이틴- (에이틴스)
19 (열아홉 번째)	**nineteen (nineteenth)** 나인틴- (나인틴스)
20 (스무 번째)	**twenty (twentieth)** 트웬티 (트웬티스)
30 (서른 번째)	**thirty (thirtieth)** 써-티 (써-티스)
40 (마흔 번째)	**forty (fortieth)** 포-티 (포-티스)

🇯🇵	🇨🇳
じゅういち 十一 쥬-이찌	shí yī　dì shí yī 十一(第十一) 슬이(띠슬이)
じゅうに 十二 쥬-니	shí èr　dì shí èr 十二(第十二) 슬얼(띠슬얼)
じゅうさん 十三 쥬-산	shí sān　dì shí sān 十三(第十三) 슬싼(띠슬싼)
じゅうよん 十四 쥬-욘	shí sì　dì shí sì 十四(第十四) 슬쓰(띠슬쓰)
じゅうご 十五 쥬-고	shí wǔ　dì shí wǔ 十五(第十五) 슬우(띠슬우)
じゅうろく 十六 쥬-로꾸	shí liù　dì shí liù 十六(第十六) 슬리우(띠슬리우)
じゅうなな 十七 쥬-나나	shí qī　dì shí qī 十七(第十七) 슬치(띠슬치)
じゅうはち 十八 쥬-하찌	shí bā　dì shí bā 十八(第十八) 슬빠(띠슬빠)
じゅうきゅう 十九 쥬-큐-	shí jiǔ　dì shí jiǔ 十九(第十九) 슬 지우(띠슬지우)
にじゅう 二十 니쥬-	èr shí　dì èr shí 二十(第二十) 얼슬(띠얼슬)
さんじゅう 三十 산쥬-	sān shí　dì sān shí 三十(第三十) 싼슬(띠싼슬)
よんじゅう 四十 욘쥬-	sì shí　dì sì shí 四十(第四十) 쓰슬(띠쓰슬)

숫자

기본용어

→ PART 14
기본 용어

50 (쉰 번째)	**fifty (fiftieth)** 피프티 (피프티스)
60 (예순 번째)	**sixty (sixtieth)** 씩스티 (씩스티스)
70 (일흔 번째)	**seventy (seventieth)** 세븐티 (세븐티스)
80 (여든 번째)	**eighty (eightieth)** 에이티 (에이티스)
90 (아흔 번째)	**ninety (ninetieth)** 나인티 (나인티스)
100 (백 번째)	**hundred (hundredth)** 헌드러드 (헌드러스)
1,000 천	**thousand** 사우전드
10,000 만	**ten thousand** 텐 사우전드
100,000 십만	**hundred thousand** 헌드러드 사우전드
1,000,000 백만	**one million** 원 밀리언
10,000,000 천만	**ten million** 텐 밀리언
100,000,000 억	**hundred million** 헌드러드 밀리언

ごじゅう 五十 고쥬-	wǔ shí dì wǔ shí 五十(第五十) 우슬(띠우슬)
ろくじゅう 六十 로꾸쥬-	liù shí dì liù shí 六十(第六十) 리우슬(띠리우슬)
ななじゅう 七十 나나쥬-	qī shí dì qī shí 七十(第七十) 치슬(띠 치스)
はちじゅう 八十 하찌쥬-	bā shí dì bā shí 八十(第八十) 빠슬(띠빠슬)
きゅうじゅう 九十 큐-쥬-	jiǔ shí dì jiǔ shí 九十(第九十) 지우슬(띠지우슬)
ひゃく 百 햐꾸	yì bǎi dì yì bǎi 一百(第一百) 이바이(띠이바이)
せん 千 센	yì qiān 一千 이치엔
いちまん 一万 이치만	yí wàn 一万 이완
じゅうまん 十万 쥬-만	shí wàn 十万 슬완
ひゃくまん 百万 햐꾸망	yì bǎi wàn 一百万 이바이완
せんまん 千万 셈망	yì qiān wàn 一千万 이치엔완
いちおく 一億 이치오꾸	yí yì 一亿 이이

단위

한국어	
거리	**distance** 디스턴스
크기	**size** 싸이즈
높이	**height** 하잇
길이	**length** 렝쓰
미터	**meter** 미터
무게	**weight** 웨이트
부피	**bulk** 벌크
두께	**thickness** 씨크니스
깊이	**depth** 뎁쓰
넓이	**width** 위쓰
센티미터	**centimeter** 센티미터
킬로미터	**kilometer** 킬로미터

Angkor

앙코르
캄보디아 (CAMBODIA)

きょり 距離 쿄리	jù lí 距离 쥐리
サイズ 사이즈	dà xiǎo 大小 따샤오
たか 高さ 타까사	gāo dī 高低 까오띠
なが 長さ 나가사	cháng duǎn 长短 쳔뚜
メートル 메-또루	mǐ 米 미
おも 重さ 오모사	zhòng liàng 重量 쭝량
たいせき 体積 타이세끼	tǐ jī 体积 티찌
あつ 厚さ 아쯔사	hòu báo 厚薄 호우보
ふか 深さ 후까사	shēn dù 深度 션뚜
ひろ 広さ 히로사	miàn jī 面积 미엔찌
センチ 센찌	lí mǐ 厘米 리미
キロ 키로	gōng lǐ 公里 꽁리

단위

기본 용어

03 방향·위치

동·서·남·북	east / west / south / north 이-스트/ 웨스트/ 사우스/ 노스
오른쪽	right 라이트
왼쪽	left 레프트
앞	front 프런트
뒤	rear 리어
이쪽	this side 디스 사이드
반대쪽	opposite side 아퍼지트 사이드
~부터 ~까지	from ~ to ~ 프럼~ 투~

Castel del Monte

몬테 성
이탈리아 (ITALY)

ひがし/にし/みなみ/きた **東/西/南/北** 히가시/ 니시/ 미나미/ 키따	dōng xī nán běi **东/西/南/北** 똥/시/ 난/베이
みぎ **右** 미기	yòu biān **右边** 요우비엔
ひだり **左** 히다리	zuǒ biān **左边** 조우비엔
まえ **前** 마에	qiánmian **前面** 치엔미엔
うし **後ろ** 우시로	hòu mian **后面** 호우미엔
がわ **こちら側** 코찌라가와	zhè biān **这边** 쩌비엔
む がわ **向こう側** 무꼬-가와	fǎn fāngxiàng **反方向** 퐌팡샹
~から~まで ~까라 ~마데	cóng dào **从…到…** 총…따오…

방향 · 위치

기본 용어

04 계절·월·요일

계절

봄   spring 스프링
<ruby>春<rt>はる</rt></ruby> 하루
<ruby>春天<rt>chūntiān</rt></ruby> 춘티엔

여름   summer 써머-
<ruby>夏<rt>なつ</rt></ruby> 나쯔
<ruby>夏天<rt>xiàtiān</rt></ruby> 시아티엔

가을   fall[autumn]
폴-[오-텀-]
<ruby>秋<rt>あき</rt></ruby> 아끼
<ruby>秋天<rt>qiūtiān</rt></ruby> 치우티엔

겨울   winter 윈터-
<ruby>冬<rt>ふゆ</rt></ruby> 후유
<ruby>冬天<rt>dōngtiān</rt></ruby> 똥티엔

Petra

페트라
요르단 (JORDAN)

요일

월요일	Monday 먼데이 月曜日(げつようび) 게쯔요-비 星期一(xīng qī yī) / 周一(zhōu yī) 싱치이/쪼우이
화요일	Tuesday 튜-즈데이 火曜日(かようび) 카요-비 星期二(xīng qī èr) / 周二(zhōu èr) 싱치얼/쪼우얼
수요일	Wednesday 웬즈데이 水曜日(すいようび) 스이요-비 星期三(xīng qī sān) / 周三(zhōu sān) 싱치싼/쪼우싼
목요일	Thursday 써-즈데이 木曜日(もくようび) 모꾸요-비 星期四(xīng qī sì) / 周四(zhōu sì) 싱치쓰/쪼우쓰
금요일	Friday 프라이데이 金曜日(きんようび) 킹요-비 星期五(xīng qī wǔ) / 周五(zhōu wǔ) 싱치우/쪼우우
토요일	Saturday 쌔터데이 土曜日(どようび) 도요-비 星期六(xīng qī liù) / 周六(zhōu liù) 싱치리우/쪼우리우
일요일	Sunday 썬데이 日曜日(にちようび) 니찌요-비 星期天(xīng qī tiān) / 周日(zhōu rì) 싱치티엔/쪼우르

계절 · 월 · 요일

기본용어

→ PART 14
기본 용어

1월	January 재뉴어리 いちがつ **1月** 이찌가쯔 yī yuè **一月** 이위에
2월	February 페브루어리- にがつ **2月** 니가쯔 èr yuè **二月** 얼위에
3월	March 마-치 さんがつ **3月** 산가쯔 sān yuè **三月** 싼위에
4월	April 에이프릴 しがつ **4月** 시가쯔 sì yuè **四月** 쓰위에
5월	May 메이 ごがつ **5月** 고가쯔 wǔ yuè **五月** 우위에
6월	June 준- ろくがつ **6月** 로꾸가쯔 liù yuè **六月** 리우위에

7월	July 줄라이 しちがつ 7月 시찌가쯔 qī yuè 七月 치위에	
8월	August 어-거스트 はちがつ 8月 하찌가쯔 bā yuè 八月 빠위에	
9월	September 쎕템버- くがつ 9月 구가쯔 jiǔ yuè 九月 지우위에	
10월	October 악토우버- じゅうがつ 10月 쥬-가쯔 shí yuè 十月 슬위에	
11월	November 노벰버- じゅういちがつ 11月 쥬-이찌가쯔 shí yī yuè 十一月 슬이위에	
12월	December 디쎔버- じゅうにがつ 12月 쥬-니가쯔 shí èr yuè 十二月 스얼위에	

계절 · 월 · 요일

기본 용어

시간·날짜

오늘 아침　this morning 디스 모-닝
　　　　　今朝 케사
　　　　　今天早晨 찐티엔 자오천

오전　　　morning/A.M. 모-닝/에이엠
　　　　　午前 고젠
　　　　　上午 상우

정오　　　noon 눈-
　　　　　正午 쇼-고
　　　　　中午 중우

오후　　　afternoon/P.M. 애프터눈-/피-엠
　　　　　午後 고고
　　　　　下午 시아우

390

Maya Site of Copan

코판의 마야 유적
온두라스 (HONDURAS)

저녁　　evening 이-브닝
　　　　^{ゆうがた}
　　　　夕方 유-가따
　　　　^{wǎnshang}
　　　　晩上 완샹

오늘밤　tonight 투나잇
　　　　^{こんばん}
　　　　今晩 곰방
　　　　^{jīntiānwǎnshang}
　　　　今天晩上 찐티엔완샹

시간 · 날짜

기본 용어

PART 14
기본 용어

오늘	today 투데이 今日(きょう) 쿄- 今天 (jīntiān) 찐티엔
어제	yesterday 예스터데이 昨日(きのう) 키노- 昨天 (zuótiān) 조어티엔
그저께	the day before yesterday 더 데이 비포- 예스터데이 一昨日(おととい) 오또또이 前天 (qiántiān) 치엔티엔
내일	tomorrow 터마로우 明日(あした) 아시따 明天 (míngtiān) 밍티엔
모레	the day after tomorrow 더 데이 애프터- 터마로우 明後日(あさって) 아삿떼 后天 (hòutiān) 호우티엔
금주(월)	this week [month] 디스 위-크[먼스] 今週[月](こんしゅうげつ) 콘슈-[게쯔] 这个星期/这周 (zhège xīngqī/zhèzhōu) 쩌거싱치/쩌쪼우
지난주(지난달)	last week [month] 라스트 위-크[먼스] 先週[月](せんしゅうげつ) 센슈-[게쯔] 上个星期/上周 (shàng ge xīngqī/shàngzhōu) 샹거싱치/샹쪼우
주말	weekend 위-켄드 週末(しゅうまつ) 슈-마쯔 周末 (zhōumò) 조우모우

기념일	anniversary 애너버-서리- 記念日(きねんび) 기넴비 纪念日 jì niàn rì 지니엔르
휴일	holiday 할러데이 祝日(しゅくじつ) 슈꾸지쯔 节假日/假期 jié jià rì / jià qī 지에찌아르/찌아치
생일	birthday 버-스데이 誕生日(たんじょうび) 탄죠-비 生日 shēng rì 셩르
한 시간	one hour 원 아워- 1時間(いちじかん) 이찌지깐 一个小时 yí gè xiǎo shí 이거샤오스
30분	half an hour 하-프 언 아워- 半時間(はんじかん) 한지깐 半个小时 bàn gè xiǎo shí 빤거샤오스
15분	a quarter 어 쿼터 １５分(じゅうごふん) 쥬-고훈 十五分钟 shí wǔ fēn zhōng 스우펀종
5분	five minutes 파이브 미니츠 5分(ごふん) 고훈 五分钟 wǔ fēn zhōng 우펀종

시간·날짜

기본용어

393

06 색깔

검은색　black 블랙
　　　　黒 쿠로
　　　　くろ
　　　　黑色 헤이써
　　　　hēi sè

하얀색　white 화이트
　　　　白 시로
　　　　しろ
　　　　白色 바이써
　　　　bái sè

회색　　gray 그래이
　　　　ねずみ色
　　　　　　 いろ
　　　　네즈미이로
　　　　灰色 회이써
　　　　huī sè

빨간색　red 레드
　　　　赤 아까
　　　　あか
　　　　红色 홍써
　　　　hóng sè

파랑색　blue 블루-
　　　　青 아오
　　　　あお
　　　　蓝色 란써
　　　　lán sè

노랑색　yellow 옐로우
　　　　黄色 키이로
　　　　きいろ
　　　　黄色 황써
　　　　huáng sè

Itsukushima Shinto Shrine

이쯔쿠시마 신사
일본 (JAPAN)

주황색　orange 오-린지
　　　　だいだい色
　　　　다이다이이로
　　　　桔黄色 주황써

핑크색　pink 핑크
　　　　ピンク 핑크
　　　　粉红色 펀훙써

보라색　purple 퍼-플
　　　　紫 무라사끼
　　　　紫色 즈써

녹색　　green 그린-
　　　　緑 미도리
　　　　绿色 뤼써

갈색　　brown 브라운
　　　　茶色 챠이로
　　　　棕色 쭝써

색깔

기본용어

395

07 국가명

🇰🇷	🇺🇸
한국	Korea 코리-어
한국인	Korean 코리-언
미국	the United States 더 유나이티드 스테이츠
미국인	American 어메리컨
중국	China 차이너
중국인	Chinese 차이니-즈
영국	England 잉글런드
영국인	English 잉글리쉬
독일	Germany 저머니
독일인	German 저먼
프랑스	France 프랑스
프랑스인	French 프렌치
러시아	Russia 러셔
러시아인	Russian 러션

Lord Howe Island Group

로드하우 군도
오스트레일리아 (AUSTRALIA)

🇯🇵	🇨🇳
_{かんこく} 韓国 캉꼬꾸	_{hán guó} 韩国 한구어
_{かんこくじん} 韓国人 캉꼬꾸징	_{hán guó rén} 韩国人 한구어런
アメリカ 아메리카	_{měi guó} 美国 메이구어
アメリカ_{じん}人 아메리카징	_{měi guó rén} 美国人 메이구어런
_{ちゅうごく} 中国 쮸-고꾸	_{zhōng guó} 中国 쭝구어
_{ちゅうごくじん} 中国人 쮸-고꾸징	_{zhōng guó rén} 中国人 쭝구어런
イギリス 이기리스	_{yīng guó} 英国 잉구어
イギリス_{じん}人 이기리스징	_{yīng guó rén} 英国人 잉구어런
ドイツ 도이쯔	_{dé guó} 德国 더구어
ドイツ_{じん}人 도이쯔징	_{dé guó rén} 德国人 더구어런
フランス 후랑스	_{fǎ guó} 法国 퐈구어
フランス_{じん}人 후랑스징	_{fǎ guó rén} 法国人 퐈구어런
ロシア 로시아	_{é luó sī} 俄罗斯 어로스
ロシア_{じん}人 로시아징	_{é luó sī rén} 俄罗斯人 어로스런

국가명

기본용어

08 가족·인칭

~씨(남성)	Mr.~ 미스터~
~씨(미혼 여성)	Miss~ 미스~
~씨(기혼 여성)	Mrs.~ 미시즈~
가족	family 패밀리
그	he 히-
그녀	she 쉬-
남녀	man/woman 맨/우-먼
남조카	nephew 네퓨-
남편	husband 허즈번드
당신들	you 유-
딸	daughter 도-터-
며느리	daughter-in-law 다러인로-

Aksum

악숨 고고유적
에티오피아 (ETHIOPIA)

🇯🇵	🇨🇳
~さん ~상	~先生 (xiānsheng) 시엔셩
~さん ~상	~小姐 (xiǎojiě) 샤오지에
~さん ~상	~女士 (nǚshì) 뉴슬
家族 (かぞく) 카조꾸	家人 (jiārén) 찌아 런
彼 (かれ) 카레	他 (tā) 타
彼女 (かのじょ) 카노죠	她 (tā) 타
男/女 (おとこ/おんな) 오또꼬/온나	男/女 (nán/nǚ) 난/뉴
甥 (おい) 오이	侄子 (zhízi) 즐즈
夫 (おっと) 옷또	丈夫 (zhàngfu) 짱푸
あなたがた 아나따가따	你们 (nǐmen) 니먼
娘 (むすめ) 무스메	女儿 (nǚér) 뉴얼
嫁 (よめ) 요메	儿媳妇 (érxífù) 얼시푸

가족·인칭

기본 용어

→ PART 14
기본 용어

부모	**parents** 페어런츠
사위	**son-in-law** 썬인로-
사촌	**cousin** 커즌
소년·소녀	**boy/girl** 보-이/걸-
시누이/올케	**sister-in law** 시스터 인 로오
시동생/처남	**brother in law** 브라더 인 로오
시아버지	**father-in law** 파더 인 로오
시어머니	**mother-in law** 마더 인 로오
아내	**wife** 와이프
아들	**son** 선
아버지	**father** 파-더-
아저씨	**uncle** 엉클

🇯🇵	🇨🇳
りょうしん 両親 료-신	fù mǔ 父母 푸무
むこ 婿 무코	nǔ xu 女婿 뉴쉬
いとこ 이또꼬	tóng mèi mei 堂妹妹 탕메이메이
しょうねん しょうじょ 少年/少女 쇼-넨/쇼-죠	shàonián shǎo nǔ 少年/少女 샤오니엔/샤오뉴
きりのおわえさん 키리노 오네-상	gū zi sǎo zi dì xí 姑子/嫂子/弟媳 구 즈/사오 즈/디 시
おとうと 오또-또	shū zi xiǎo jiù zi 叔子/小舅子 슈 즈/샤오 쥬 즈
とう お義父さん 오또-상	gōnggong 公公 꽁공
か あ お義母さん 오까-상	pó 婆 포어
つま 妻 쯔마	qī zi 妻子 치즈
むすこ 息子 무스꼬	ér zi 儿子 얼즈
ちち 父 찌찌	bà ba 爸爸 빠바
おじ 오지	shū shu gū fu 叔叔/姑父 슈슈/구푸

가족·인칭 기본 용어

→ PART 14
기본 용어

아주머니	aunt 앤트
약혼자(남/녀)	fiance / fiancee 피안세 / 피안세이
어린이	child 차일드
어머니	mother 마더-
여조카	niece 니스
우리	we 위-
조부모	grandparents 그랜드 패어런츠
조상	ancestor 앤쎄스터
친구	friend 프렌드
형제 · 자매	brother/sister 브라더-/시스터-

おば 오바	shěnshen / gū mā 婶婶/姑妈 션션/구마
こんやくしゃ 婚約者 콘야꾸샤	wèi hūn fū / wèi hūn qī 未婚夫/未婚妻 웨이훈푸/웨이훈치
こども 子供 코도모	hái zi / ér tóng 孩子/儿童 하이즈/얼퉁
はは 母 하하	mā ma 妈妈 마마
めい 姪 메이	zhí nǚ 侄女 즐뉴
わたし 私たち 와따시타찌	wǒ men 我们 워먼
そふぼ 소후보	zǔ fù mǔ 祖父母 주푸무
せんぞ 先祖 센조	zǔ zōn 祖宗 주종
ゆうじん 友人 유우진	péng you 朋友 펑요우
きょうだいしまい 兄弟/姉妹 쿄-다이/시마이	xiōng di / jiě mèi 兄弟/姐妹 숑띠/지에메이

가족·인칭

기본용어

09 직업

가수	singer 씽어
경찰관	policeman 펄리스먼
공무원	government clerk 가버먼트 클락
교사	teacher 티-처-
교수	professor 프로페서
농업	farmer 파-머-
배우	actor 액터
변호사	lawyer 로-이어
비서	secretary 쎄크러테리
사진가	photographer 포우터그래프
상점 주인	store owner 스토어 오우너-
어업	fisherman 피셔먼

Las Médulas

라스 메둘라스
스페인 (SPAIN)

🇯🇵	🇨🇳
かしゅ **歌手** 카슈	gē shǒu **歌手** 꺼쇼우
けいさつかん **警察官** 케-사쯔깡	jǐngguān **警官** 징꽌
こうむいん **公務員** 코-무잉	gōng wù yuán **公务员** 꽁우위엔
きょうし **教師** 쿄-시	jiào shī **教师** 찌아오슬
きょうじゅ **教授** 쿄-쥬	jiàoshòu **教授** 찌아오쑈우
のうぎょう **農業** 노-교-	nóng yè **农业** 농예
はいゆう **俳優** 하이유-	yǎn yuán **演员** 옌위엔
べんごし **弁護士** 벵고시	lǜ shī **律师** 류슬
ひしょ **秘書** 히쇼	mì shū **秘书** 미슈
しゃしんか **写真家** 샤싱까	shè yǐng shī **摄影师** 셔잉슬
しょうてんけいえいしゃ **商店経営者** 쇼-뗀 케-에-샤	diàn zhǔ **店主** 디엔쭈
ぎょぎょう **漁業** 교교-	yú yè **渔业** 위에

직업

기본용어

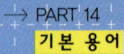
기본 용어

연예인	**entertainer** 엔터테이너
영화감독	**movie director** 무비 디렉터
요리사	**cook** 쿡
원예사	**gardener** 가드너
은행원	**bank employee** 뱅크 임플로이-
음악가	**musician** 뮤-지션
정비사	**mechanic** 머캐닉
주부	**housewife** 하우스와이프
탤런트	**TV personality** 티비 퍼스널리티
학생	**student** 스튜던트
화가	**artist** 아-티스트
회사원	**office worker** 오피스 워커

げいのうじん **芸能人** 게-노-징	yì rén **艺人** 이런
えいがかんとく **映画監督** 에-가칸또꾸	dǎo yǎn **导演** 다오옌
りょうりにん **料理人** 료-리닝	chù shī **厨师** 추스
ガーデナー 가-데나	yuán yì shī **园艺师** 위엔이스
ぎんこういん **銀行員** 깅꼬-잉	yín háng zhí yuán **银行职员** 인항즐위엔
おんがくか **音楽家** 옹가꾸까	yīn yuè jiā **音乐家** 잉요우자
きかいこう **機械工** 키카이코-	jī xiè shī **机械师** 지시에슬
しゅふ **主婦** 슈후	jiā tíng zhǔ fù **家庭主妇** 찌아팅쭈푸
タレント 타렌또	diàn shì yǎn yuán **电视演员** 띠엔쓰옌위엔
がくせい **学生** 가꾸세-	xué sheng **学生** 쉬에셩
がか **画家** 가까	huà jiā **画家** 화찌아
かいしゃいん **会社員** 카이샤잉	gōng sī zhí yuán **公司职员** 꽁쓰즐위엔

직업

기본 용어

407